CHRISTIANE BAUERMEISTER
EVA GERBERDING

ST. PETERSBURG

Eine Stadt in Biographien

Herausgegeben
von Norbert Lewandowski

MERIAN *porträts*

DIE AUTORINNEN

Christiane Bauermeister studierte Slawistik an der FU Berlin und nahm nach dem Studium einen Forschungsauftrag »Theater der russischen Avantgarde« an der Leningrader Universität wahr. Seit jenen Jahren hat sie die Faszination für die Stadt nicht mehr losgelassen. Sie arbeitet als freie Autorin und Journalistin in Berlin.

Eva Gerberding ist Expertin für russische Kunst und Literatur. Als Filmemacherin dreht sie Dokumentationen zu kulturellen und gesellschaftlichen Themen (u.a. für WDR, 3sat, ARTE) und hat auch für Museen begleitende Filme zu Ausstellungen gedreht. Außerdem schreibt sie Reisebücher.

EDITORIAL

Die Weißen Nächte des hellen nordischen Sommers lassen sie aufleuchten. Und eine verhangene Winterlandschaft gibt ihr einen eigentümlichen matten Glanz. St. Petersburg, die Schöne. Ein Traumbild, das lebt.

Eine Stadt wie St. Petersburg wird nicht nur von der Vielfalt ihrer historischen Gebäude und Straßenzüge geprägt, sondern auch von den Menschen, die hier geboren wurden, gestorben sind oder entscheidende Jahre an der Newa verbracht haben. Diese Figuren, ob historisch oder gegenwärtig, bestimmen das Flair und den Puls einer Stadt.

MERIAN *porträts* beschreibt 20 Persönlichkeiten und lässt sie die Besucher wie individuelle Reiseführer durch die Vergangenheit und Gegenwart der Stadt begleiten. Sie führen uns durch die wechselvolle, oft leidgeprüfte Geschichte von St. Petersburg, zu ihren Kunst- und Kulturschätzen, und wir erleben Geschichten von autokratischen Herrschern, verzweifelten Dichtern, verliebten Künstlern und blindwütigen Revolutionären.

Natürlich ist es schwer, die »richtigen« 20 Personen auszuwählen. Vermutlich ist es sogar unmöglich, schließlich wurde der Takt der Stadt von weit mehr als 20 Menschen geprägt. Doch in der Summe soll die subjektive Auswahl ein unverwechselbares Kaleidoskop ergeben.

Wir begegnen Peter dem Großen und einem seiner weltfremden Nachfolger, Nikolaus II., staunen über die Lebensklugheit von Katharina der Großen. Alexander Puschkin und Anna Achmatowa lassen uns teilhaben an ihrer Dichtkunst, Peter Tschaikowsky und Dmitri Schostakowitsch an ihrer Musik, Kasimir Malewitsch an den Rätseln seines Schwarzen Quadrats. Wir wandeln auf den Spuren der Schriftsteller Dostojewski, Nabokov und Brodsky. Und sind gefangen von den Mythen um Lenin und Rasputin. Am Ende steht St. Petersburg vor uns wie eine Filmkulisse – eine real existierende Fata Morgana. Ein fernes Traumbild. Und doch so lebendig.

Auf einen Blick
6

Orientierung
8

Peter der Große
Der Machtmensch öffnete das Zarenreich nach Westen und gründete St. Petersburg
10

Bartolomeo Rastrelli
Der Lieblingsbaumeister von Elisabeth I. schuf den St. Petersburger Barock
18

Michail Lomonossow
Naturforscher, Dichter, Sprachwissenschaftler – ein Universalgenie
26

Katharina die Große
Eine kluge Deutsche wird die bedeutendste Zarin
34

Alexander Puschkin
Der russische Nationaldichter starb hochdramatisch nach einem Duell
42

Fjodor Dostojewski
Aus dem Gegner des Zarentums wurde ein Untertan – Schicksal eines Literaten
50

Peter Tschaikowsky
Er sollte Jurist werden und wurde der größte Komponist seines Heimatlandes
58

Ilja Repin
Die Bilder des Exzentrikers sind bis heute russische Nationalheiligtümer
66

Peter Carl Fabergé
Der Juwelier der Zaren schuf die teuersten Eier der Welt
74

Nikolaus II.
Seine autokratische Politik beendete die russische Monarchie
82

Grigori Rasputin
Um den Mönch ranken sich die unheimlichsten Mythen von St. Petersburg
90

INHALT

Wladimir Lenin
Der Revolutionär gab der Stadt fast 70 Jahre lang seinen Namen
98

Sergej Diaghilew
Der Aufstieg eines ungelernten Mannes zum größten Ballett-Impresario Europas
106

Matilda Kschessinskaja
Eine wahrhaft große Ballerina und eine noch größere Verführerin
114

Kasimir Malewitsch
Mit einem schwarzen Quadrat revolutionierte der Maler die bildende Kunst
122

Anna Achmatowa
Die Dichterin wurde über Jahrzehnte von der Sowjetkultur verfemt
130

Vladimir Nabokov
Auch im Exil blieben die Erinnerungen an seine Heimat stets lebendig
138

Dmitri Schostakowitsch
Der Komponist erlebte das Grauen der Leningrader Blockade
146

Joseph Brodsky
Geächtet, verhöhnt, ausgebürgert – doch er hielt St. Petersburg die Treue
154

Wladimir Kechman
Ein Mann wird mit Bananen reich – und entdeckt die Hochkultur
162

Personenregister
170

Orts- und Sachregister
173

Impressum
176

Farbige Kästchen mit Ziffern **1** und farbige
Buchstaben-Ziffern-Kombinationen (▸ *D 3*)
verweisen auf die Orientierungskarte auf S. 8/9.

ST. PETERSBURG

AUF EINEN BLICK

Ohne ihre Bewohner wäre die Stadt eine andere. Ohne Katharina II., Dostojewski und Lenin … wäre St. Petersburg nicht St. Petersburg.

PETER DER GROSSE (1672–1725)

BARTOLOMEO RASTR

MICHAIL LOMONOSSO

KATHARINA

1703 *Zar Peter I., der Große, gründet St. Petersburg in einem Sumpfgebiet.*

1600 — 1700 — 1800

1883 *Die Auferstehungskirche wird an der Stelle errichtet, an der Zar Alexander II. 1881 ermordet wurde.*

AUF EINEN BLICK

21. Jh. Bis heute zählen Ballett-
ensembles aus St. Petersburg zu
den besten der Welt.

0-1771)

1-1765)

9-1796)

XANDER PUSCHKIN (1799-1837)

FJODOR DOSTOJEWSKI (1821-1881)

PETER TSCHAIKOWSKY (1840-1893)

ILJA REPIN (1844-1930)

PETER CARL FABERGÉ (1846-1920)

NIKOLAUS II. (1868-1918)

1900 2000

GRIGORI RASPUTIN (1869-1916)

WLADIMIR LENIN (1870-1924)

SERGEJ DIAGHILEW (1872-1929)

MATILDA KSCHESSINSKAJA (1872-1971)

KASIMIR MALEWITSCH (1879-1935)

ANNA ACHMATOWA (1889-1966)

VLADIMIR NABOKOV (1899-1977)

DMITRI SCHOSTAKOWITSCH (1906-1975)

JOSEPH BRODSKY (1940-1996)

WLADIMIR KECHMAN (geb. 1968)

ORIENTIERUNG

ORIENTIERUNG

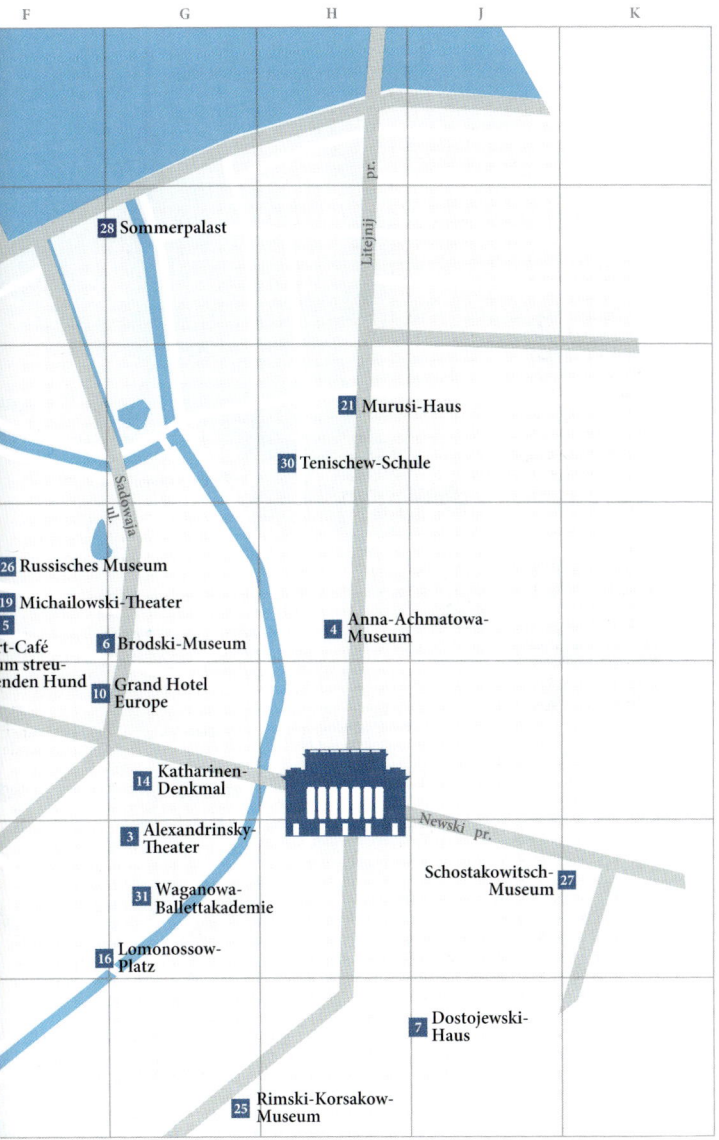

PETER DER GROSSE

1672–1725

Kein Herrscher des Riesenreichs hat den Nerv der russischen Mentalität so sehr getroffen wie dieser Mann. Er öffnete das Zarenreich Richtung Westen und machte St. Petersburg zu seiner Hauptstadt.

D er Zar sitzt aufrecht auf einem sich aufbäumenden Pferd und hält seinen Arm schützend über das Land, vor ihm die Newa *(▸ A 1, 4/5–K 1)*, hinter ihm die mächtige Isaakskathedrale *(▸ C 5)*. Als Feldherr und Sieger wollte *Katharina die Große* ihn verewigt sehen, als sie 1782 das bronzene Denkmal vom Franzosen *Étienne Falconet* errichten ließ.

»Wie ehern ist des Reiters Stirn,
Wie machtvoll seiner Hand Gebärde,
Was für Gedanken wälzt dies Hirn,
Und welche Kraft steckt in dem Pferde!«

So dichtete Alexander Puschkin in seinem Poem »Der eherne Reiter«. Jedes russische Schulkind kennt die Verse auswendig. Die Geschichte ist schaurig: Die Braut eines armen Beamten ertrinkt im Hochwasser. Fluchend steht der Bräutigam am Denkmal und gibt Zar Peter die Schuld, weil er die Stadt an diesem unwirtlichen Ort errichten ließ. Da steigt der riesige Reiter wütend von seinem

Ein Bild von einem Mann: Zar Peter der Große auf einem Ölgemälde von Jean-Marc Nattier aus dem Jahr 1717.

Sockel und hetzt den Mann durch das nächtliche St. Petersburg. Das Gedicht hat der Beliebtheit des Denkmals nicht geschadet. Im Gegenteil: Das Wahrzeichen der Stadt ist Fotokulisse für Brautpaare, die sich hier treffen und Blumen niederlegen.

Alles begann mit einem Segelboot, mit dem der 16-jährige Prinz Peter auf der Moskwa schipperte. Auf diesem kleinen Kahn, den er später das »Großväterchen der russischen Flotte« nannte,

Die Gründung von St. Petersburg: Zar Peter I. überwacht auf dieser Darstellung persönlich die Bauarbeiten in seiner Stadt.

träumte er von einer Kriegsmarine und einem eisfreien Zugang zum Meer. 1700 ging Peter das Wagnis ein und erklärte der Ostseegroßmacht Schweden den Krieg. Drei Jahre später eroberten seine Truppen die Festung Nyenschanz am Finnischen Meerbusen. »Als sie die Küste erreicht hatten«, schreibt Orlando Figes in »Nataschas Tanz. Eine Kulturgeschichte Russlands«, sei Peter vom Pferd gestiegen: *»Mit dem Bajonett stach er zwei Streifen Torf und legte sie in Form eines Kreuzes auf den sumpfigen Boden. Dann sprach Peter: ›Hier soll eine Stadt entstehen‹.«* Der Legende nach flog bei diesen Worten ein Adler über seinen Kopf.

Am 27. Mai 1703, dem Gründungstag der Stadt, wurde acht Kilometer flussaufwärts der erste Spatenstich für die *Peter-und-Paul-Festung* **23** *(▸ D 1)* getan. Peter wählte als Ort die Haseninsel im Newa-Delta, die nur 600 Meter lang und 360 Meter breit ist. Schon 1704 war die erste Festung aus Holz fertig, 1706 wurde sie mit Steinmauern gesichert – kein militärisches Bollwerk, sondern ein Gefängnis. Erster Insasse war Peters ungeliebter Sohn *Alexej*. Er wurde des Landesverrats bezichtigt und gefoltert. Er starb 1718 an den Folgen der Tortur.

Um die Entstehung seiner Stadt zu kontrollieren, ließ Peter sich eine einfache Holzhütte mit zwei kleinen Zimmern ans Ufer der Newa bauen, in der er einige Jahre lebte. Viele Legenden ranken sich um diesen Ort. Demnach betätigte er sich gern als Lotse, stellte sich als »Piter« vor und lud so manchen Kapitän zum Essen ein. Später wurde das Häuschen auf Wunsch von Katharina der Großen mit Mauern umbaut. Seit 1930 ist hier ein Museum, das *Haus Peters des Großen*, eingerichtet, das den bescheidenen Lebensstil des Zaren dokumentiert.

SANKT PETRUS GAB DER STADT DEN NAMEN

Im Prinzip sprach fast alles gegen die Gründung einer Stadt an diesem Platz: das sumpfige Newa-Delta, das feuchte Klima, die Randlage im Russischen Reich. Doch der hünenhafte und willensstarke Herrscher war durch nichts aufzuhalten. Hier sollte sein »Fenster zum Westen« entstehen. Der Zar ließ Architekten aus Deutschland, Italien, Frankreich und der Schweiz kommen. *»Als Bewunderer Amsterdams wollte er das nasse Element zähmen. Peter hatte sein Paradies gefunden«*, schreibt sein Biograf Henri Troyat. Da hieß die junge Stadt noch nach holländischer Art »Sankt-Pieter-Burgh«, erst später wurde sie auf deutsche Art »St. Petersburg« genannt und von den Einwohnern zärtlich »Piter«. Allerdings nicht nach ihrem Erbauer, sondern nach deren Schutzpatron Simon Petrus.

Seine Stadt hat Peter mit Gewalt und unter Einsatz vieler Menschenleben aus dem sumpfigen Boden stampfen lassen. Der Gesandte *Friedrich Christian Weber* schrieb am 3. Februar 1718:

»Es wird in diesem Reich alles mal ein Ende mit Schrecken nehmen, weil die Seufzer so vieler Millionen Seelen wider den Zaren zum Himmel steigen.« Zehntausende Zwangsarbeiter schufteten jahrelang unter schwersten Bedingungen. Ihre Unterkunft und Verpflegung war so miserabel, dass sich Krankheiten ausbreiteten, an denen um die 30 000 Arbeiter zugrunde gingen.

Im Sommer des Jahres 1709 schlug Peters Armee die Schweden vernichtend in der Schlacht von Poltawa. Das war für ihn Anlass, die neu gegründete Siedlung drei Jahre später zur Hauptstadt zu machen. *»Peter, der seit jeher eine besondere Liebe für das Meer hegte, war von der breiten, schnell strömenden Newa […] besonders angetan«*, schreibt Orlando Figes. So befahl Peter seinem Schweizer Lieblingsarchitekten *Domenico Trezzini*, gegenüber seinem ersten Wohnhaus am anderen Ufer der Newa einen *Sommerpalast* 28 *(▸ G 2)* mit 14 Zimmern im holländischen Stil zu errichten.

Der auf einer Insel liegende *Palast* ist umgeben von einem *Sommergarten*. Der Park, der nach Peters Wunsch den Park von Versailles an Schönheit übertreffen sollte, beeindruckt die Besucher noch heute. Geometrisch angelegt, wurde er mit antiken Marmorskulpturen aus Italien geschmückt. Im Winter verschwinden sie in Holzkästen. Heute ist der *Palast* ein Museum und der *Sommergarten* nicht nur der älteste Park der Stadt, sondern auch der schönste. Frisch renoviert wurde er 2012 neu eröffnet: Die 91 italienischen Skulpturen strahlen wieder in reinstem Weiß, sie wurden aus Carraramarmor neu gefertigt. Die Originale stehen nun im Museum im gegenüberliegenden Michaelsschloss *(▸ G 3)*.

Russland hatte sich mit dem Sieg über Schweden einen Zugang zur Ostsee gesichert, was das Prestige des Landes erheblich steigerte. Nach dem Ende des Großen Nordischen Kriegs 1721 war das russische Imperium geboren. Der Senat verlieh Peter den Titel Kai-

Das rekonstruierte Bernsteinzimmer im Katharinenpalast von Puschkin – ein Geschenk von König Friedrich Wilhelm I.

ser von ganz Russland, »Peter der Große«. Und groß war er in der Tat: Die Angaben schwanken zwischen 2,01 Meter und 2,15 Meter.

»Despotisch, zügellos, starrsinnig, archaisch wild – man hat Peter die verschiedensten Etiketten angehängt«, schreibt der Schriftsteller Daniil Granin in seinem Roman »Peter der Große«. Brutalität war dem 1672 in Moskau geborenen Thronfolger, Sohn des Zaren *Alexei Michailowitsch*, schon früh vertraut – durch grauenvolle Szenen, die sich vor seinen Augen abspielten, als Angehörige seiner Familie von Strelitzen, der Palastgarde des Kreml, ermordet wurden. Aber er war auch rastlos, energisch und wissbegierig.

»Ein Mann von nüchternem Verstand, wenn auch zu erschreckenden Trunkexzessen neigend, betrachtete er jedes Land, das er betrat, lediglich als eine Fortsetzung des Raumes«, schrieb Joseph Brodsky über den Zaren, der 1697 als 25-Jähriger für über ein Jahr inkognito als Unteroffizier in den Westen reiste. Er machte sich

mit europäischer Lebensart, Technik und Wissenschaft vertraut. Für die Dauer seiner Abwesenheit setzte er einen Regentschaftsrat ein. Nach dieser Reise wollte er Russland aus seiner politischen Isolierung herausführen und die starren Traditionen durchbrechen, koste es, was es wolle.

Der Zar war erfinderisch im Erschließen neuer Geldquellen und belegte alles Mögliche mit Steuern. Russen, die auf ihre traditionellen Bärte nicht verzichten wollten, mussten eine Bartsteuer zahlen. Peter ließ auch die langen Kaftane und Mäntel kürzen. Den Städtern wurden praktischere westliche Kleider verordnet. Auch Verwaltung und Militär wurden modernisiert und mit dem 1. Januar 1700 der russische Kalender dem westeuropäischen angepasst. Seinem Hofstaat befahl er, schleunigst von Moskau nach St. Petersburg umzuziehen.

TÖDLICH ERKÄLTET NACH DEM RETTUNGSVERSUCH

Der Krieg gegen Schweden hatte für St. Petersburg einen weiteren Vorteil: Das Bernsteinzimmer kam in die Stadt. Dieses märchenhafte Meisterwerk war ein Geschenk seines Bündnispartners, des Preußenkönigs *Friedrich Wilhelm I.* Die kostbare Wandverkleidung wurde in Kisten verpackt und nach Petersburg verschickt und lagerte in Peters *Sommerpalast*. Erst seine Tochter, Zarin *Elisabeth*, ließ sie 1743 in den *Winterpalast*, Teil der heutigen *Eremitage* 8 (▸ *D 3*), einbauen. Zwölf Jahre später wurde das *Bernsteinzimmer* demontiert und im *Sommerpalast* in *Zarskoje Selo* wieder eingerichtet.

Peter der Große konnte nicht ahnen, für wie viel Ärger und Verwirrung dieser Schatz sorgen würde. 1941 hatten deutsche Truppen den *Katharinenpalast* erobert und das *Bernsteinzimmer* ins Königsberger Schloss gebracht. Dort verschwand es spurlos. Ist es nach britischen Luftangriffen verbrannt oder wurde es erneut demontiert und irgendwo versteckt? Jedenfalls ist seit 2003 eine originalgetreue Nachbildung im *Katharinenpalast* zu besichtigen.

Peter der Große starb am 8. Februar 1725 mit 52 Jahren an einer verschleppten Blasenerkältung in Verbindung mit einer Leberatrophie. Das Blasenleiden hatte er sich drei Monate zuvor zugezogen, als er ins eiskalte Wasser des Lachta-Sees gesprungen war, um die Insassen eines gekenterten Bootes zu retten. Bei seinem Tod zählte die neue Hauptstadt etwa 70 000 Einwohner.

St. Petersburg stand für die Modernisierung des Russischen Reichs. Im Laufe von 200 Jahren wurde ein Stadtensemble geschaffen, das einer glanzvollen Residenz entsprach und das staatliche, gesellschaftliche und geistige Zentrum des Riesenreichs bildete. Peter hinterließ der Staatskasse keine Kopeke Schulden und eine Reihe von Reformen, die Russland nachhaltig prägen sollten. Seine Vision war Realität geworden …

HAUS PETERS DES GROSSEN
Petrowskaja Nab. 6, Petrograder Seite
▶ Metro: Gorkowskaja

KATHARINENPALAST, BERNSTEINZIMMER
Sadowaja Ul. 7, Puschkin (Zarskoje Selo)
www.tzar.ru
▶ Elektritschka: Detskoje Selo
25 km südlich von St. Petersburg

PETER-UND-PAUL-FESTUNG 23 ▶ *D1*
Troizkaja Pl., Petrograder Seite
www.spbmuseum.ru
▶ Metro: Gorkowskaja

SOMMERPALAST MIT SOMMERGARTEN 28 ▶ *G2*
Nab. Kutusowa 2, Zentrum
www.museum.ru/M126
▶ Metro: Gostiny Dwor

BARTOLOMEO RASTRELLI

1700–1771

Auf den Lieblingsarchitekten der Zarin Elisabeth I. geht der »Petersburger Barock« zurück – Prachtbauten wie das Smolny-Kloster, der Katharinenpalast und das Winterpalais sind einzigartig auf der Welt.

Es ist Zeit, / mit Kugeln / Museumswände zu böllern. / Und Raffael ist vergessen? / Auch Rastrelli nicht erschossen? / Den Weißgardisten / findet ihr hier. / Schnell an das Wändchen!« »Rastrel« heißt auf Deutsch: Erschießung. Und mit dem Erschießen hatte es das futuristische Großmaul, der Dichter Wladimir Majakowski. Bis er sich 1930 dann selbst erschoss. Nach der Oktoberrevolution waren ihm und seinen Freunden die prachtvollen und verschwenderisch ausgestatteten Prachtbauten Rastrellis ein Dorn im Auge, denn sie symbolisierten die Herrschaft des verhassten Zaren, der verhassten Aristokratie, des verhassten Klerus. Nach Meinung der proletarischen Revolutionäre gehörten sie alle an die Wand gestellt.

Es war der kaiserliche Hof- und Lieblingsarchitekt der Zarin *Elisabeth I.*, Francesco Bartolomeo Rastrelli, der der Stadt das »türkisblau-weiße« Antlitz verliehen hat, das fortan als »Petersburger Barock« bezeichnet werden sollte. Andrei Bely schwärmt in seinem Roman »Petersburg« von »azurnen Mauern in einem

Der italienische Architekt Bartolomeo Rastrelli, Baumeister von Zarin Elisabeth I., auf einem Gemälde von Lucas C. Pfanzelt.

Schwarm weißer Säulen«. Unter Rastrellis Leitung entstanden in der jungen Metropole Bauwerke, die höchste Aufmerksamkeit erregten. Mit dem *Katharinenpalast* in *Zarskoje Selo*, dem *Smolny-Kloster* und dem *Winterpalast*, heute Teil der *Eremitage* 8 *(▸ D 3)*, steht St. Petersburg in einer kulturellen Reihe mit den Baudenkmälern westeuropäischer Städte wie Paris oder London. Die Besonderheiten an Rastrellis Werken ergeben sich aus der

Mischung von altrussischen Formen und Traditionen mit den Stilelementen des europäischen Barock. Das von ihm benutzte Gold kontrastierte er gern mit kühlen Farben, setzte Licht- und Schatteneffekte ein und spielte mit den Spiegelbildern seiner Bauten in den Flüssen und Kanälen der Stadt. Der Traum *Peters des Großen* von einer »Kapitale in einem Guss« scheint durch Rastrellis Bauten verwirklicht.

Bartolomeo Rastrelli wurde 1700 in Paris geboren. Sein Vater, der Bildhauer *Carlo Rastrelli* aus Florenz, war ein bekannter Künstler und entwarf Skulpturen für den Hof des Sonnenkönigs Ludwig XIV. Carlo Rastrellis Ruf drang bis zu Zar Peter I., der ihn und seinen Sohn 1715 nach St. Petersburg einlud.

ZUNÄCHST BAUT ER FÜR DEN GELIEBTEN DER ZARIN

Peter schickt Francesco erst einmal auf Reisen. In Italien soll er lernen, was es mit der Antike und der Renaissance auf sich hat. Zwei Jahre später kehrt er nach St. Petersburg zurück und wird unter der Zarin *Anna Iwanowna* zum Hofarchitekten ernannt, für ein Jahresgehalt von 1200 Goldrubeln zuzüglich einer Wohnung mit Personal. Für diese Zarin baut Rastrelli aber nicht in St. Petersburg, sondern plant im Kurland für den Favoriten Annas, den baltischen Herzog *Ernst Johann von Biron*, unter anderem ein Schloss.

Durch eine Palastrevolution mithilfe ihrer ergebenen Leibgarde kommt Elisabeth I. am 25. November 1741 auf den russischen Thron. Als Tochter von Zar Peter dem Großen fühlt sie sich als die legitime Erbin. Sie ist lebenslustig und allen Vergnügungen zugetan. In *Zarskoje Selo* bewohnt sie zwar noch den bescheidenen Palast, den ihre Mutter *Katharina I.* hatte bauen lassen. Doch schon bald wird dieser einem barocken Prunkbau von Rastrelli weichen, den sie in Erinnerung an ihre Mutter *Katharinenpalast* nennt. Berüchtigt sind ihre ausschweifenden Abendgesellschaf-

Die Smolny-Kathedrale gehört zu den herausragenden Bauwerken von Rastrelli. Sie ist Teil des Jungfernklosters von Elisabeth I.

ten, die oft bis in die Morgenstunden dauern und mit einem üppigen Frühstück enden. Wer die Festivität vorzeitig verlässt, wird von der Zarin eigenhändig gezüchtigt.

Elisabeths Hang zum Luxus ist legendär. Die spätere Zarin *Katharina II.*, die Große, wird in ihren Memoiren bemerken, dass bei einem Brand im Moskauer Annenhof an die 4000 Kleider der Kaiserin in Flammen aufgingen. Nur in die Baugeschehen greift Elisabeth wegen ihrer mangelnden Bildung nie ein, sie vertraut ihrem Hofarchitekten Rastrelli. Dem wird 1742 erst das Gehalt verdoppelt, dann wird er mit der Umgestaltung des *Winterpalais*, des *Katharinenpalasts* in *Zarskoje Selo*, dem Ausbau der *Residenz* in *Peterhof* und mit dem Bau des *Smolny-Klosters* beauftragt.

Dass das Bauen im sumpfigen Delta der Newa *(▸ A 1, 4/5–K 1)* Schwierigkeiten mit sich bringt, dass man dem rauen Klima und dem Hochwasser trotzen muss, damit hatte Bartolomeo Rastrelli

Besucher auf der Jordantreppe des Winterpalastes, dem letzten Werk von Rastrelli. Das Innere konnte er nicht mehr vollenden.

durchaus gerechnet. Dass aber die entsprechende Behörde, die Baukanzlei, die noch von Peter I. gegründet worden war, ihm Steine in den Weg legen würde, das hat er nicht für möglich gehalten. Die Baukanzlei begegnet dem »inostrannye«, dem Fremden, mit tiefem Misstrauen. Sie kürzt ihm die Zahl der benötigten Handwerker und weist ihm minderqualifiziertes Personal zu. Wegen der ständigen Reibereien beschwert sich Rastrelli schließlich bei Hofe. Elisabeth interveniert und ebnet ihrem Hofarchitekten den Weg zur aufwendigen Gestaltung des *Winterpalais*, koste es, was es wolle.

Als »Repräsentant der zaristischen Herrschaft« solle ein neues *Winterpalais* an der Newa erbaut werden, »zum alleinigen Ruhm des allrussischen Imperiums«, rechtfertigt Elisabeth ihre Pläne. Aber sie benötigt weitere Gelder für den Luxusbau, und die Kassen sind leer. Doch was kümmern Elisabeth die Staatsfinanzen?

Es geht immerhin um ihr Ansehen und ihre Macht. So erhöht sie kurzerhand die Salzsteuer, und am Ufer der Newa entsteht in den Jahren 1754 bis 1762 ein prächtiger Neubau aus Stein. Die Vorgängerbauten lässt sie einfach abreißen, Rastrelli hat nun freie Hand. Das *Winterpalais* wird die Krönung seines Schaffens.

In den Weißen Nächten, wenn die Sonne nur für kurze Zeit untergeht, scheinen die goldgrünen Fassaden im Wasser der Newa zu schweben. Trotz seiner ungeheuren Größe sind die Proportionen des *Palasts* ausgewogen, er birgt in seinem Inneren an die 1000 Zimmer, rund 2000 Türen, 2000 Fenster und mehr als 120 Treppenhäuser. Sogar Astolphe Louis Léonor Marquis de Custine, der berühmte französische Reiseschriftsteller und Diplomat, der sonst kein gutes Haar an der Stadt Peters ließ, zeigte sich von diesem Prachtbau beeindruckt.

Eine Gefahr droht beim Bau des Palasts: Die Uferbefestigungen können der gewaltigen Last des halbfertigen Bauwerks kaum widerstehen und drohen mit ihm in die Newa zu stürzen. Rastrelli hat eine geniale Idee: Er will alle Uferkais der Newa und der Kanäle mit Granit befestigen. Elisabeth bewilligt 1755 diese Pläne, der benötigte Granit wird aus Finnland in die Stadt geschleppt. Alexander Puschkin kann zu Recht behaupten: *»Die Newa hüllte sich in Stein, / Die Wasser überspannen Brücken, / Und dunkelgrüne Gärten schmücken / Der Inseln malerische Reihn. […] Ich liebe dich, du Schöpfung Peters, / Ich lieb die strenge, gerade Pracht, / Der Newa majestätisch Fließen, / Ihr Ufer in Granit gebracht.«*

Rastrelli weiß vor lauter Arbeit nicht mehr, wo ihm der Kopf steht. In seiner Not bildet er selbst Architekten aus. Nur so kann er die kaiserlichen Ansprüche und Aufträge bewältigen. Sein Familienleben allerdings leidet stark darunter. Mit seiner Frau, einer gebürtigen Gräfin aus Wales, hat er mehrere Töchter, die alle bis auf eine im Kindesalter sterben.

Zarin Elisabeth ist in den 50er-Jahren des 18. Jahrhunderts erst Ende 40, aber deutlich ermattet und ihres Amtes müde. Auch ihr zweiter Favorit, *Graf Schuwalow*, hat sich den jüngeren Damen des Hofes zugewandt. Elisabeth denkt an die Endlichkeit und will sich in ein *Kloster* zurückziehen. Aber noch ist sie die prunksüchtige Kaiserin und beauftragt ihren Lieblingsarchitekten mit dessen Bau. Die Zarin hat sich für das *Kloster* die Gegend um eine ehemalige Teerfabrik – »Smolny« heißt auf Russisch Teer – ausgesucht, im Newa-Knie am östlichen Stadtrand.

NACH ELISABETHS TOD SINKT RASTRELLIS STERN
Hier kann Rastrelli seinen barocken Neigungen freien Lauf lassen. Bei der Hauptkirche allerdings beharrt Elisabeth auf die russisch-orthodoxe Tradition: fünf Kuppeln, ein griechisches Kreuz als Grundriss wie bei der Maria-Himmelfahrts-Kirche im Moskauer Kreml, der Krönungskirche der russischen Zaren. Und so leuchten heute schon von Weitem die fünf goldenen Kuppeln der blau-weißen Auferstehungskirche.

Elisabeth erlebt weder die Einweihung des *Winterpalais* noch ihren Einzug ins *Kloster*. Nach mehreren Schlaganfällen und Herzattacken stirbt sie 1761. Rastrellis Stern beginnt zu sinken. Nach der kurzen Regentschaft *Peters III.* orientiert sich der Geschmack der neuen Zarin Katharina II., die Große genannt, an den tempelartigen Palästen des in Europa jetzt modernen Klassizismus. Rastrellis barocke Fantasien sind ihr fremd.

Während eines Kuraufenthaltes in Italien muss er erfahren, dass sein Konkurrent, der neue Hofarchitekt *Giacomo Quarenghi*, seine Projekte weiterführen wird. Immerhin ist aber Quarenghi so sehr von Rastrellis Meisterschaft beeindruckt, dass er immer, wenn er am *Smolny-Kloster* vorbeigeht, den Hut zieht. Rastrellis Lieblingsprojekt, der Bau des ersten steinernen Kaufhauses am

Newski Prospekt *(▸ D 4 – K 6)*, wird von der damaligen Kaufmannschaft abgelehnt. Er ist »in Anbetracht seines Alters und seiner angegriffenen Gesundheit« all seiner Ämter enthoben. Das ist bitter für den sensiblen Architekten, der sich seinen »Ruhestand« sicher anders vorgestellt hat – die für ihn ausgesetzte Rente in Höhe von 1000 Rubel ist angesichts luxusbetonten Lebensstils einfach lächerlich.

St. Petersburg unter Katharina II. ist nicht mehr seine Stadt. Rastrelli wandert mit seiner Frau ins baltische Mitau, heute Jelgava, in Lettland aus und baut das einst von Herzog Ernst Johann von Biron in Auftrag gegebene Schloss im heutigen Rundale fertig. Dort stirbt auch Rastrellis Frau, ein Schicksalsschlag, von dem sich der Architekt nicht mehr erholen sollte. 1771 wird Rastrelli an die Akademie der Künste in St. Petersburg berufen, aber noch im selben Jahr stirbt er. Wo sich seine Grabstätte befindet, ist heute nicht mehr bekannt. Doch mit seinen Werken hat er sich für alle Zeiten in St. Petersburg verewigt.

EREMITAGE, WINTERPALAST 8 ▸ *D 3*
Dworzowaja Nab., Zentrum
www.hermitage.ru
▶ Metro: Newski Pr.

KATHARINENPALAST
Sadowaja Ul. 7, Puschkin (Zarskoje Selo)
www.tzar.ru
▶ Elektritschka: Detskoje Selo
25 km südlich von St. Petersburg

SMOLNY-KLOSTER
Pl. Rastrelli, Zentrum
www.cathedral.ru/smolny
▶ Metro: Tschernyschewskaja

MICHAIL LOMONOSSOW
1711–1765

Der erste russische Wissenschaftler von Weltruf studierte in Deutschland und eignete sich Kenntnisse an, die ihn für seine Heimat unersetzlich machten. Dafür sind ihm seine Landsleute heute noch dankbar.

Hundsfotte, Speichellecker, Spitzbuben«, so schimpfte er seine deutschen Kollegen. Ausgerechnet er, der junge Wissenschaftler aus dem rückständigen Russland des 18. Jahrhunderts. Konnte er sich das erlauben? Er konnte! Michail Lomonossow war ein Universalgelehrter, in den Wissenschaften ebenso beheimatet wie in den schönen Künsten, der Literatur und der Musik. Er lehrte an der ehrwürdigen St. Petersburger *Akademie der Wissenschaften* 2 *(▸ B/C 3)*, deren Gründung Zar *Peter der Große* noch kurz vor seinem Tod veranlasst hatte.

Der Zar hatte das ehrgeizige Ziel, das in Wissenschaft und Technik rückständige Russische Reich auf höchstes europäisches Niveau zu führen. Über Fragen von Bildung und Wissenschaft hatte er gar mit Gottfried Wilhelm Leibniz korrespondiert. In ihren Gründungsjahren zählte die *Akademie* unter ihren Mitgliedern viele Ausländer, vor allem Deutsche. Aber dem russischen Volk war diese Überfremdung suspekt, insbesondere die Deutschen galten als pedantisch und nicht gottesfürchtig. Also konnte

Ein Universalgenie: Michail Lomonossow, Dichter, Naturwissenschaftler und Sprachkünstler, auf einem Gemälde von G. Prenner.

das Forschen der Fremden nur ein Werk des Teufels sein. Mit diesem Vorurteil sollte Lomonossow aufräumen. Ein großer Teil seines Lebenswerks bestand darin, Russland den Wissenschaften zu öffnen und russische Studenten zu Forschung und Lehre zu ermutigen. In einer Ode rief er dazu auf, *»durch vermehrtes Streben zu zeigen, dass die russländische Erde gebären kann ihre eigenen Platons und ihre vernunftschnellen Newtons«*.

Ausstellungsräume im Lomonossow-Museum: Eine Besucherin steht vor einem Globus aus dem 18. Jahrhundert.

Dass er bei seinen Formulierungen nicht zimperlich war, haben ihm seine deutschen Kollegen nicht verübelt, denn sie wussten, dass auch Zar Peter der Große eine direkte Ausdrucksweise bevorzugte. Mit vielen Deutschen war Lomonossow zeitlebens befreundet, so mit dem deutschstämmigen Wissenschaftler *Jacob von Stähln*, der ihn so charakterisierte: *»Physisch: eine auffallende und geradezu athletische Festigkeit und Stärke. Ungestüm: Lebensweise eines einfachen Mannes. Geistig: wissensdurstig, forschend, nach neuen Entdeckungen strebend. Sittlich: ungehobelt, streng zu Untergebenen und Angehörigen. Überlegenheitsdrang, Geringschätzung von Ebenbürtigen.«*

Der Dichter Alexander Puschkin hat Lomonossows Wirken auf eine kurze Formel gebracht: »Er ist die erste Universität meines russischen Volkes.« Bei einer Fernsehabstimmung wurde er kürzlich zum bekanntesten Russen gekürt, gefolgt von Alexander

Newski und Josef Stalin. Und überall trifft man auf seinen Namen: Lomonossow-Universität, Lomonossow-Porzellanmanufaktur, Lomonossow-Krater, Lomonossow-Computer, Lomonossow-Strom, und auch die Zarenresidenz Oranienbaum bei St. Petersburg trug über Jahrzehnte seinen Namen.

1000-KILOMETER-REISE NACH MOSKAU

Bei Archangelsk im rauen Norden Russlands, wo Leibeigenschaft und Tatarenjoch unbekannt waren, wuchs er in einer Fischerfamilie auf. Michail zeigte sich als wacher, wissbegieriger Bursche. Schon mit fünf Jahren konnte er lesen und schreiben. Mit einem selbst gezimmerten Boot fuhr er zum Fischen aufs Meer. Im Alter von 19 Jahren verließ er sein Dorf. Es zog ihn nach Moskau. Wie er den 1000 Kilometer weiten Weg schaffte, auf langen Fußmärschen oder mit den Karren der Händler, die in Moskau ihre eingesalzenen Fische verkauften, wissen wir nicht. An der Moskauer Slawisch-Griechisch-Lateinischen Akademie gab er sich als Sohn eines Adligen aus Archangelsk aus und wurde deshalb angenommen. Diese Akademie war damals die einzige Hochschule des Russischen Reichs. Er war ein herausragender Student, und 1735 schlug der Rektor seinen Lieblingsschüler als Kandidaten für die *Akademie der Wissenschaften* in St. Petersburg vor.

Auf Veranlassung des berühmten deutschen Universalgelehrten *Christian Freiherr von Wolff*, Ehrenmitglied der *Akademie der Wissenschaften* in St. Petersburg, wurde Lomonossow zum Studium nach Deutschland an die Universität Marburg geschickt, die wegen ihrer naturwissenschaftlichen Fakultät überaus bekannt war.

Darüber hinaus zeigte Lomonossow ein ausgeprägtes Interesse an deutscher Literatur und Philosophie. Wolff machte ihn mit der Philosophie der Aufklärung vertraut. Die Liebeslyrik des jungen Barockdichters *Johann Christian Günther* beeindruckte und begeisterte ihn besonders, denn Lomonossow war unsterblich in die Tochter seiner Wirtin, einer Bierbrauerwitwe, verliebt. In Versen und mit viel »Gemüthe« und »heißen Küssen« himmelte er seine *Elisabeth-Christina* an und wurde erhört: 1740 heirateten sie und führten eine glückliche Ehe.

Auf Veranlassung seines Gönners und Tutors Christian von Wolff besuchte Lomonossow die Bergakademie Freiberg in Sachsen. Diese galt als das Zentrum des Bergbauwesens. Lomonossow war ein flammender Patriot und eignete sich in nur drei Jahren all das Wissen an, das ihm für den Abbau der gewaltigen, wenig erschlossenen Erzvorkommen Russlands nützlich erschien. Zwar stritt er mit *Johann Friedrich Henkel*, dem führenden Freiberger Mineralogen, der ihm zu theoretisch und pedantisch war, nahm aber dessen Chemielaboratorium zum Vorbild für sein eigenes, das er an der *Akademie* in St. Petersburg errichten sollte.

Dorthin kehrte er 1741 zurück. Fünf Jahre hatte er in Deutschland verbracht, jetzt wollte er die neuen Ideen in die Tat umsetzen. St. Petersburg stand in jenen Jahren unter dem Einfluss von Zarin *Elisabeth I.* Ihrem Hang zu grenzenlosem Luxus sind die schönsten barocken Paläste in St. Petersburg zu verdanken. Dass sie bei deren Bau stets das Staatsbudget überzog, störte sie nicht. Nur für die *Akademie* hatte sie kein Geld, sodass diese vor sich hin dämmerte. Die konservativen deutschen Mitglieder bekämpften ihre russischen Kollegen. Lomonossow stach in ein Wespennest: Das alles wollte er ändern.

Trotzdem wurde Lomonossow 1745 per Dekret der Zarin zum ordentlichen Professor für Chemie ernannt, auch wenn die Zarin ihn nur als Erfinder und Hersteller von herrlichen Feuerwerkskörpern für ihre rauschenden Hoffeste kannte, bei denen es ihr vor allem der von ihm ausgetüftelte Sternenregen angetan hatte. Als er dann 1749 vor versammelter Professorengemeinde

Ein russisches Genie in Bronze: das Lomonossow-Denkmal am Universitätskai in St. Petersburg.

seine »Ode des Lobes an die Zarin Elisabeth« vortrug, hatte er sie endgültig erobert: Mit dem Geld ihres damaligen Favoriten, des Grafen *Iwan Schuwalow*, machte er sich an die Planung einer neuen Lehranstalt, der Moskauer Universität, die heute seinen Namen trägt. Lomonossow unterrichtete weiter in St. Petersburg. Pädagogik und Didaktik lagen ihm besonders am Herzen. Wie konnte man Wissen systematisch vermitteln? Als Erstes schaffte er die Vorherrschaft des Lateinischen und Deutschen ab. Russische Studenten hörten von jetzt an seine Vorlesungen in ihrer Muttersprache. Und er unterrichtete alles: Rhetorik, russische Geschichte, Chemie und Physik. 1748 gelang es ihm endlich, ein chemisches Labor einzurichten. Dazu wurde ihm ein Gebäude neben der *Akademie* zur Verfügung gestellt. Die Geräte kamen aus Deutschland, viele davon sind heute im *Lomonossow-Museum* **17** *(▸ B/C 3)* ausgestellt. Bei seinen chemischen Experimenten entdeckte Lomonossow vormals unbekannte Technologien der Glasherstellung. Er fand eine neue Zusammenstellung für buntes Glas.

Im alten Russland hatte man Heiligenbilder aus Mosaiksteinchen zusammengesetzt, aber die Methoden zur Herstellung der farbigen Steinchen waren über die Jahrhunderte in den Klöstern in Vergessenheit geraten. Von dieser Erfindung war Lomonossow begeistert: Er baute vor den Toren St. Petersburgs bei Oranienbaum, im Dorf Ust-Rudiza, seine eigene kleine Glasfabrik zur Herstellung von Mosaikteilchen. Das Dörfchen mit seinen Leibeigenen hatte ihm die Zarin persönlich zum Geschenk gemacht.

Im 18. Jahrhundert war Oranienbaum als Residenzstädtchen in Mode bei der Petersburger Gesellschaft, denn der spätere Zar *Peter III.* hielt im ehemaligen Oranienbaumer Menschikow-Palast Hof und vergnügte sich hier mit seinen Soldaten. Lomonossow richtete sich in Ust-Rudiza ein bescheidenes Palais ein, in dem nach seinem Tod die Familie wohnen sollte. Dort gestaltete ein Künstlerkollektiv unter seiner Leitung an die 30 Mosaiken, Porträts von Herrschern und Zeitgenossen, Spiegel, Vasen und Broschen. Höhepunkt war zweifellos das riesige Mosaik »Die Schlacht an der Poltawa. Peter I. besiegt die Schweden«. Es hängt heute über der großen Haupttreppe in der *Akademie der Wissenschaften*.

EIN GENIE UND ARBEITSTIER, DAS FRÜH STARB

In Form einer erhabenen Ode verfasst er für seinen Gönner Graf Schuwalow einen »Brief über den Nutzen des Glases«:

> *»Wie falsch, Schuwalow, jene von den Dingen denken,*
> *die Mineralien mehr als Glase Achtung schenken!*
> *Mehr zwar sind sie an zauberischem Glanze reich,*
> *doch ist an Nutzen und Schönheit das Glas ihnen gleich!*
> *Schönes Geschlecht, wenn blitzende Diamanten*
> *Euch als Schmuck umstrahlen,*
> *wallt doppelt ins uns auf die Glut der höchsten Qualen.«*

Heute ist nichts mehr von Lomonossows »Imperium« übrig: Die Werkstatt und das kleine Palais in Oranienbaum fielen bereits Anfang der 1820er-Jahre einem Feuer zum Opfer. Das Dorf Ust-

Rudiza wurde von der deutschen Wehrmacht im Zweiten Weltkrieg völlig zerstört.

Er war Wissenschaftler, Künstler und Dichter zugleich. Seine Leidenschaft galt der russischen Verskunst, deren Versmaß er entgegen den Gesetzen des Altkirchenslawischen revolutionierte. Das Arbeitspensum dieses Mannes ist unvorstellbar, alt wurde er dabei nicht. Lomonossow starb mit 53 Jahren als berühmter Mann an einer chronischen Lungenentzündung in seiner Professorenwohnung am heutigen *Lomonossow-Platz* 16 *(▸ F6)*. Dort steht am Ende der Rossi-Straße seit Mitte des 19. Jahrhunderts seine *Büste*. Lomonossow war der erste russische Wissenschaftler von europäischer Bedeutung. Ein Russe, ganz nach dem Herzen von Zar Peter dem Großen. Auf dem *Lazarus-Friedhof* im *Alexander-Newski-Kloster* hat er sein Grab gefunden. Man erkennt es sofort am pompösen Gedenkstein aus weißem Marmor.

AKADEMIE DER WISSENSCHAFTEN 2 ▸ *B 3*
Universitetskaja Nab. 5, Wassiljewski-Insel
▸ Metro: Wassileostrowskaja

ALEXANDER-NEWSKI-KLOSTER, LAZARUS-FRIEDHOF
Grab von Michail Lomonossow
Pl. Alexandra Newskowo 58, Zentrum
www.lavra.spb.ru
▸ Metro: Pl. Alexandra Newskowo

LOMONOSSOW-MUSEUM, KUNSTKAMMER 17 ▸ *B/C 3*
Uniwersitestskaja Nab. 3, Wassiljewski-Insel
www.kunstkamera.ru
▸ Metro: Newski Pr.

LOMONOSSOW-PLATZ MIT BÜSTE 16 ▸ *F 6*
Pl. Lomonossowa, Zentrum
▸ Metro: Dostojewskaja, Gostiny Dwor

KATHARINA DIE GROSSE

1729–1796

Die Prinzessin aus Deutschland war eine kluge und leidenschaftliche Frau, gebildete Kunstsammlerin und große Zarin. Eine würdige Nachfolgerin Peter des Großen. Sie starb nach einem Lachanfall…

Ihr Kindheitstraum, einmal Königin zu werden, wurde belächelt, denn ihre Herkunft war viel zu unbedeutend. Als knapp 15-Jährige betrat sie im Februar 1744 die Petersburger Bühne, und die gehörte ihr bis zum Ende des Jahrhunderts: Katharina die Große, Tochter eines deutschen Kleinfürsten. Wie konnte es dazu kommen?

20 Jahre hatte die Tochter *Peter des Großen*, Zarin *Elisabeth*, Russland beherrscht. Weil sie kinderlos blieb, adoptierte sie den Sohn ihrer Schwester *Anna*, *Peter Herzog von Holstein-Gottorp*. Diese war nach der Geburt Peters an Schwindsucht gestorben. Doch er erwies sich als Enttäuschung: Infantil, ungebildet und gewalttätig soll er gewesen sein. Eine Heirat sollte die Rettung bringen. Auf Rat von *Friedrich II.* ließ Elisabeth eine unbedeutende deutsche Prinzessin nach Petersburg kommen. Sophie von Anhalt-Zerbst, Tochter eines preußischen Gouverneurs aus Stettin, wurde Peter, dem Neffen der Zarin Elisabeth, zur Frau gegeben und russisch-orthodox auf den Namen Katharina getauft.

Eine Zarin aus Deutschland: Das zeitgenössische Gemälde zeigt Katharina die Große um 1780 in russischer Tracht.

Es war eine seltsame Ehe. Dem Gemahl, der sich im Bett lieber mit seinen Spielzeugsoldaten vergnügte und in den Nächten mit seinen Lakaien dem Wodka frönte, waren die körperlichen Reize seiner hübschen Frau aus Deutschland ziemlich egal. Und die strebte Höheres an: 17 Jahre lang, bis zu Elisabeths Tod, lernte sie nicht nur fleißig Russisch, sondern schaffte es auch, ihre Position am Hofe zu festigen. An der Zuneigung ihres infantilen

Die goldenen Kuppeln der Kirche des Katharinenpalasts, einer der Lieblingsorte der Zarin.

Gatten lag ihr nichts, umso mehr an der russischen Krone. Als sie 1754 Großfürst *Paul* geboren hatte, stieg ihr Einfluss bei Hofe, obgleich Peters Vaterschaft stets angezweifelt wurde, wohl auch zu Recht: Wahrscheinlich war der Kammerherr *Sergej Saltikow* der Erzeuger. Und bei ihrer Tochter *Anna*, die 1757 zur Welt kam, wird die Vaterschaft dem polnischen Adligen und späteren König von Polen, *Stanislaw II. August Poniatowski*, zugeordnet. Beide Kinder wurden Katharina entzogen, sie wuchsen unter der Obhut von Zarin Elisabeth auf. Als diese 1761 nach einem Herzanfall starb, wurde ihr Neffe Peter, der Ehemann Katharinas, neuer Zar. Er schaffte es in kürzester Zeit, Volk und Adel gegen sich aufzubringen: mit seiner strikten Missachtung der Trauerzeit für die beliebte Zarin, seiner Verehrung für König Friedrich II. und einem Sonderfrieden mit Preußen, der den Siebenjährigen Krieg beendete.

So war es für die entschlossene Katharina relativ leicht, die Absetzung ihres Mannes Peter III. zu betreiben und sich am 9. Juli 1762 mit Unterstützung der Garde und hoher Würdenträger als Zarin Katharina II. ausrufen zu lassen. Maßgeblich an der Palastrevolution beteiligt waren der Geliebte Katharinas, *Grigori Orlow*, und seine Brüder. Friedrich der Große kommentierte die

Absetzung des Zaren in seinen Memoiren so: »*Er ließ sich entthronen wie ein Kind, das man zu Bett schickt.*«

In der *Kasaner Kathedrale* 13 *(▸ E 5)* wurde Katharina in einem feierlichen Gottesdienst zur Kaiserin gekrönt und ihr Sohn als Nachfolger ernannt. Peter, der nur sechs Monate lang regierte, unterzeichnete die Abdankungsurkunde und fiel nur wenige Tage später einer »akuten Kolik« zum Opfer. In Wahrheit gestand Orlow der Zarin, dass man ihren Mann umgebracht habe.

»*Ihre Eitelkeit ist ihr Götze; um Russlands Wohl kümmert sie sich ebensowenig wie ich*«, bemerkte Kaiser Joseph II. Die Zarin lechzte nach Ruhm und wollte als ebenbürtige Nachfolgerin Peters des Großen gelten. In Petersburg sagt man, Katharina habe Petersburg hölzern empfangen und steinern zurückgelassen. In einem Brief an *Friedrich Melchior von Grimm* schrieb sie: »*Sie wissen, dass die Bauwut hier schlimmer tobt denn je, und kein Erdbeben hätte mehr Häuser zerstören können, als wir errichten. Das Bauen ist eine Krankheit wie die Trunksucht.*« Die Fragmente, die Peter der Große hinterlassen hatte, fügte Katharina zusammen. Heute wird sie als zweite Erbauerin der Stadt gesehen. Sie war beeindruckt von der Antike und beauftragte den italienischen Architekten *Giacomo Quarenghi*, St. Petersburg ein antik-römisches Gepräge zu verleihen. Zum Ende des 18. Jahrhunderts fanden sich überall in der Stadt Säulen, Pilaster und Kapitelle.

KATHARINA UND DIE KUNST

Die Bauwut wurde ergänzt durch ihren Sammelwahn. Katharina ließ in 30 Jahren über 3000 Gemälde nach Petersburg schaffen. Darunter Werke von van Dyck, Rubens, Raffael, Tizian, Watteau, Tintoretto und Veronese. So legte sie den Grundstock für das wohl größte Museum der Welt: die *Eremitage* 8 *(▸ D 3)*. Ihre Berater waren die in Europa bekannten Kunstkenner *Denis Diderot, Étienne*

Falconet und Friedrich Melchior von Grimm. Schon im zweiten Jahr der Regentschaft gelang ihr ein großer Coup: Sie konnte 225 Gemälde aus der Sammlung des Berliner Kaufmanns *Johann Ernst Gotzkowsky* erwerben. Darunter waren 13 Werke von Rembrandt, elf von Rubens, fünf von van Dyck, drei von Hals, zwei von Raffael, zwei von Holbein und eines von Tizian. Für diese Prachtstücke ließ sie 1764 an der zur Newa (▶ A 1, 4/5–K 1) gewandten Seite des *Winterpalastes* die *Kleine Eremitage* und die *Alte Eremitage* anbauen. Wenn sie ihre Kunstwerke betrachtete, soll sie jedoch geklagt haben: »Nur ich und die Mäuse können diese Herrlichkeiten bewundern.« Heute hätte sie ihre Freude, denn ein ununterbrochener Besucherstrom zieht durch die Säle der weltberühmten Eremitage.

Katharina trug entscheidend zum russischen Selbstwertgefühl bei. So schrieb der Historiker Wassili Kljutschewski, dass sich dank Katharina die gebildeten Russen *»überhaupt erst als Menschen, sehr bald aber auch als die ersten Menschen von Europa gefühlt haben«*. Die Monarchin integrierte Russland in die politische und kulturelle Landschaft Europas, festigte den Zentralstaat und verstärkte die Fundamente einer Großmacht. Katharina herrschte – als sie auf den Thron kam – über 20 Millionen Untertanen. Kurz vor ihrem Tod waren es 36 Millionen. Militärische Triumphe kostete sie mit besonderer Wonne aus: *»Wenn ich noch 200 Jahre regierte, würde schließlich ganz Europa dem russischen Zepter unterworfen sein«*, kommentierte sie.

Während russische Soldaten den Osten eroberten und den asiatischen Steppenvölkern russische Kultur aufzwangen, erbauten Katharinas Architekten in *Zarskoje Selo*, dem Zarendorf südlich von Petersburg, chinesische Pagoden und orientalische Grotten. Katharina mochte von allen Sommerresidenzen *Zarskoje Selo* am meisten. Für ihren Lieblingsenkel *Alexander I.* ließ Katharina den klassizistischen *Alexanderpalast* von Quarenghi – sein Meis-

Der Schlossplatz mit Alexandersäule und Teile der Eremitage im Hintergrund. Hier hortete Zarin Katharina II. ihre Kunstschätze.

terwerk – errichten. Während im 18. Jahrhundert das *Katharinenschloss* die Hauptresidenz des Zaren war, verlagerte sich der Schwerpunkt im 19. Jahrhundert auf den *Alexanderpalast*. Alexander I. nahm wie sein Vater Paul und die nachfolgenden Zaren eine deutsche Prinzessin zur Frau. Seiner Großmutter setzte er am Newski Prospekt vor dem nach ihm benannten Theater im *Katharinen-Park* ein *Denkmal* 14 *(▸ G 5)*: eine ältere Dame im Reifrock, unter deren Rocksaum sich berühmte Zeitgenossen drängen. Auch wenn dieses Denkmal in keiner Weise dem Format der Herrscherin gerecht wird, ist es dennoch bei den Petersburgern sehr beliebt. Sie nennen das Monument zärtlich »Katjkin«.

Katharina unternahm auch den Versuch, *»meine eigenen Vorstellungen hinsichtlich des russischen Volkes zu verfolgen, damit es mich gegebenen Falles als den Retter der Nation betrachte«*. Sie wollte Verwaltung und Gesetzgebung reformieren. Doch als es um die Privilegien des Adels und der Geistlichkeit ging und um die Abschaffung der Leibeigenschaft, stockten die Reformen. Ihre Ideale scheiterten an der russischen Wirklichkeit. Hatte sie zuvor noch gesagt: *»Es gereicht Russland vor der ganzen Welt nicht zum Ruhme, wenn man die Bauern als rechtloses Vieh betrachte«*, so reichte nun ihr Mut nicht zur Umsetzung.

95 Prozent ihrer Untertanen waren Leibeigene. Aus den Abgaben der Dorfbevölkerung bestritt die Aristokratie ihre luxuriöse Existenz. Während sie den Ideen der Aufklärung zugetan war, mit *Diderot* und *Voltaire* im Briefwechsel stand, Hof- und Leibeigenentheater bauen ließ und sich mit staatsphilosophischen Salongesprächen die Zeit vertrieb, bereiteten die untersten Schichten einen Aufstand vor. Heer und Polizei griffen gnadenlos durch, so beim Pugatschow-Aufstand 1774. Die alte Ordnung wurde gefestigt, die Privilegien des Adels erweitert.

KATHARINA UND IHRE LIEBHABER

Katharina II. liebte Männer. Mindestens 17 Liebhaber belohnte sie reichlich: mit Schlössern, Titeln und Macht. Die große Liebe traf sie 1773 mit *Grigori Potjomkin*, der ihr angeblich mit leeren Kulissen den Bau der »Potjomkinschen Dörfer« vorgegaukelt hat. Potjomkin war Generalleutnant im Heer, hatte es im Krieg gegen die Türken zu Ruhm gebracht, war gebildet und zehn Jahre jünger als die damals 45-Jährige. In einem Brief an ihn schrieb sie: *»Hätte ich einen Gatten gehabt, den ich hätte lieben können, wäre ich ihm mein Leben lang treu geblieben, denn ich habe keine Neigung zur Ausschweifung.«*

Nach Potjomkin folgten weitere Affären mit Männern, die immer jünger wurden. Die Schriftstellerin Gina Kaus (1893–1985) beschreibt in ihrem biographischen Roman »Katharina die Große« diese Erscheinung am russischen Hofe: *»Die russischen Zarinnen* *haben ihre Wremientschiks, wie die französischen Könige ihre Mätressen haben, beides sind Auswirkungen der schrankenlosen Macht und der aufgelockerten Moral des achtzehnten Jahrhunderts.«*

In den letzten Jahren ihres Lebens wurde der 40 Jahre jüngere *Platon Subow* ihr Geliebter. In seinen Armen starb Katharina 1796 an einem Gehirnschlag, vermutlich ausgelöst durch einen Lachanfall. Ihr Sarkophag aus weißem Marmor in der *Peter-und-Paul-Kathedrale* auf dem Gelände der *Peter-und-Paul-Festung* 23 *(▸ D 1)* wird von frischen Blumen geschmückt.

EREMITAGE 8 ▸ *D 3*
Dworzowaja Nab. 32–36, Zentrum
www.hermitagemuseum.org
▶ Metro: Newski Pr.

KASANER KATHEDRALE 13 ▸ *E 5*
Kasankaja Pl. 2, Zentrum
www.kazansky-spb.ru
▶ Metro: Newski Pr.

KATHARINEN-DENKMAL 14 ▸ *G 5*
Katharinen-Park
Newski Pr./Pl. Ostrowskowo, Zentrum
▶ Metro: Newski Pr.

KATHARINENPALAST
Sadowaja Ul. 7, Puschkin (Zarskoje Selo)
www.tzar.ru
▶ Elektritschka: Detskoje Selo
25 km südlich von St. Petersburg

PETER-UND-PAUL-FESTUNG 23 ▸ *D 1*
Grab von Katharina der Großen
Troizkaja Pl., Petrograder Seite
www.spbmuseum.ru
▶ Metro: Gorkowskaja

ALEXANDER PUSCHKIN

1799–1837

Er gilt als erster russischer Nationaldichter und Klassiker der Weltliteratur. Sein Ende ist wie seine Werke: hochdramatisch. Er stirbt nach einem Duell durch einen Bauchschuss, beweint von Tausenden.

Auf dem Platz der Künste, gegenüber dem *Russischen Museum* 26 *(▸ F 4)*, steht seit 1957 das Denkmal für Alexander Sergejewitsch Puschkin, dem größten aller russischen Dichter. »U Puschkina« – »beim Puschkin«, raunten sich die Kleinganoven und Schwarzhändler in Sowjetzeiten zu, wenn sie sich unter dem Monument treffen wollten, um auf dem Tag und Nacht belebten Platz unauffällig ausländischen Touristen aus dem nahen *Grand Hotel Europe* 10 *(▸ F 5)* schwarze Schuhcreme statt Beluga-Kaviar anzudrehen oder Valuta in gefälschte Rubel zu wechseln. Damals wie auch heute trifft man auf Schulklassen in Uniformen aus ganz Russland, die zu Ehren des großen Dichters seine Werke rezitieren und ihm Blumenkränze zu Füßen legen.

Puschkin stammt aus einem alten Adelsgeschlecht, dessen Stammbaum sich bis zum Lieblingspagen Peters des Großen, einem schwarzen Fürstensohn aus Abessinien, zurückverfolgen lässt. Puschkin wird zwar in Moskau geboren, ist aber der Petersburger Dichter schlechthin. Zu Hause spricht man Französisch,

Alexander Puschkin auf einer zeitgenössischen Zeichnung. Der Dichter gilt als Begründer der modernen russischen Literatur.

wie in Adelskreisen üblich. Nur seine geliebte Kinderfrau *Ariana Rodionowa* redet Russisch mit ihm, erzählt Märchen und singt bei einem Gläschen Wodka Volkslieder. Durch sie entdeckt er die Schönheit seiner Muttersprache.

Puschkin wird auf die Eliteschule, das Lyzeum in *Zarskoje Selo*, geschickt. Der Zar achtet streng darauf, dass die Adelszöglinge ganz im Sinne des Absolutismus auf Russlands höchste Staats-

Das Arbeitszimmer von Puschkin in seiner letzten Wohnung, in der er auch nach seinem Duell starb – heute das Puschkin-Museum.

ämter vorbereitet werden. Im Zeugnis von 1811 steht: *»Alexander Puschkin. Windig und leichtsinnig. Gewandt in der französischen Sprache, in Arithmetik faul und zurückgeblieben.«* Puschkin wird auf dem Lyzeum nicht nur zu ersten lyrischen Versuchen angeregt, er hat die Zeit auch auf seine Art verbracht: *»Denkst du noch, mein Trinkgenosse, an die ersten Kneiperein? Wo wir, was uns einst verdrossen, weggespült mit Punsch und Wein? Wie wir da im Winkel saßen, von den Wächtern ungestört, uns beim Trunk mit Bacchus maßen, lautlos, dass uns keiner hört?«*

Leider hat das Gelage Konsequenzen: Der Diener, der die Zechkumpanen mit Rum versorgt hatte, wird sofort entlassen, den Knaben ein strenger Verweis ausgesprochen, außerdem das Essen entzogen. Der Vater kommt geeilt, Puschkin schreibt lapidar: »Besuch des Vaters. Krankenhaus. Verse.« 1817 wird Puschkin Kollegiensekretär im Außenministerium und lässt sich in

St. Petersburg nieder. Sein Dienst ist nicht allzu anspruchsvoll. Ablage- und Archivarbeiten sind ihm zugeteilt. Die Metropole hat sich inzwischen zu einer Stadt mit einer halben Million Einwohner entwickelt. Carlo Rossi, der Architekt mit italienischen Wurzeln, hat sie in ein Gesamtkunstwerk im Empirestil verwandelt. Puschkin preist seine Stadt im oft zitierten Gedicht »Eherner Reiter«:

»Heute streben
An dem in Stein gefassten Strand
Empor in goldnem Kuppelbrand
Kirchtürme, schimmernde Paläste,
Und Schiffe schneiden durch die Flut
Aus aller Welt, voll reichem Gut,
Begrüßt als gern willkommene Gäste,
Die Newa hüllte sich in Stein,
Die Wasser überspannen Brücken,
Und dunkelgrüne Gärten schmücken
Der Inseln malerische Reihn.«

Wie er wohl gelebt haben mag, der junge Dichter mit dem wilden Backenbart und dem krausen Haar? Er liebte die Gegend um den Moika-Kanal *(▸ D 4–6)* nahe des Newski Prospekts *(▸ D 4–K 6)*: Im Kaffeehaus Wolf und Béranger, dem heutigen *Literaturcafé* **15** *(▸ D 4)*, trifft sich »tout Peterbourg« zum Plaudern bei Gebäck, Kaffee, Punsch. Das Restaurant Talon ist der Ort für üppige Soupers im Chambre séparée. Puschkin logiert oft im Hotel Demut. Sogar sein bevorzugtes Freudenhaus lässt sich an der Moika lokalisieren.

Was er sonst noch treibt in jenen Jahren, vermittelt das erste Kapitel seines »Eugen Onegin«, einem Roman in Versen. Dessen Held, ein junger Petersburger Dandy, hat ebenfalls »seinen Lebensweg am Newastrand« begonnen. Puschkin schöpft aus eigenen Erfahrungen. Onegin ist ein »homme à femmes«, in dessen »Netzen sich selbst die erzkokettste Frau verfängt«, die »Wissenschaften der zärtlichen Leidenschaften« sind ihm nur zu bekannt. Er ist ein schlauer Fuchs, der mit Kennermiene schmachtend schweigen, sich aber auch als großartiger Redner offenbaren kann.

Morgens stapeln sich die Einladungen auf dem Silbertablett. Er besucht Theater, französische Klassiker und Shakespeare, russische Stücke gibt es kaum. Vor allem liebt er das Ballett mit seinen Primaballerinen und das mitternächtliche Gelage danach:

»Rasch zu Talon.
Er könnte schwören,
Dort wartet schon sein Freund Kawerin.
Er kommt herein: Der Korken knallt,
Der Elfer aus der Flasche wallt.
Vor sich steht Roastbeef blutgefeuchtet,
Und Trüffeln Jugendschlemmertum
Und Frankreichs höchster Küchenruhm.«

Anlässe für Spottgedichte findet Puschkin genug, sei es eine Einladung zu einer Abendgesellschaft, der Namenstag der Großfürstin oder die schlanken Beinchen einer Ballerina. Seine Eskapaden, Duelle und Gelage sind das Gesprächsthema in den Petersburger Salons. *»Immer Schulden. Häufig nicht einmal einen Abendanzug. Immer irgendwelche Skandale, aufs Intimste befreundet mit allerlei Kneipenwirten, Kupplern und Huren Petersburgs. Puschkin ist die Verkörperung des verkommensten Wüstlings«*, urteilt ein ehemaliger Mitschüler, der deutschstämmige *Modest Korff*.

Dessen Kritik wird sich auch auf die Aktivitäten der »Grünen Lampe« beziehen, einer literarischen Vereinigung um 1819, die unter einem grünen Lampenschirm tagte. Freiheit und Brüderlichkeit wurden als die Ideale hochgehalten und deftige Trinklieder verfasst, die »Wein, Becher und Bordell« besangen. In jenen

*Originalnotizen und einige Selbstporträts des Dichters in Tinte,
Exponate des Puschkin-Museums in St. Petersburg.*

Jahren entsteht das Märchenpoem »Ruslan und Ljudmila«, sein erster Beitrag zur Weltliteratur, ein witzig-spritzig verfasstes Heldenepos aus der russischen Geschichte. *Wassili Schukowski*, der damalige Dichterfürst, schenkt ihm 1820 gerührt sein Porträt und nennt ihn »seinen siegreichen Schüler«.

Puschkin schreibt Epigramme gegen den Zaren und die berühmte Freiheitsode. Die Gebrüder *Turgenjew*, sie führen einen Salon in einem Haus an der Fontanka *(▸ G 7)*, weisen den Feuerkopf zurecht. Man sollte ihn *»in Göttingen einsperren, drei Jahre lang, und ihn nur mit Logik und Milchsuppe füttern«*. Puschkin lässt sich in seiner Lebensführung nicht beirren. Kritik an seinem Schreiben empfindet er geradezu als Ansporn.

Nach dem Erfolg von »Ruslan und Ljudmila« ist die zaristische Geheimpolizei auf ihn aufmerksam geworden: Hausdurchsuchung, Verhöre, Abschiebung. Zar *Alexander I.* ist äußerst ungehalten über den jungen Dichter. Er verbannt ihn an die russische Eismeerküste. Nur durch Fürsprache einflussreicher Freunde am Hof wird die Verbannung gemildert: Puschkin muss Petersburg verlassen und sich in Jekaterinoslaw, dem heutigen Dnipropetrowsk, im Süden des Landes niederlassen. Sechs Jahre lang wird er den Salons der Hauptstadt entzogen.

PUSCHKIN UND SEIN ROMANHAFTES ENDE
Während seiner Zeit im Exil werden seine Briefe abgefangen. In einem von ihnen hat er sich zweideutig über die Rolle der orthodoxen Kirche geäußert. Erneut ist der Zar erzürnt und weist ihn an, sich unverzüglich zum Hausarrest auf das elterliche Gut Michailowskoje bei Pskow zu begeben. Erst 1826 darf Puschkin in die Hauptstadt zurückkehren, dort hat ein Machtwechsel stattgefunden: Nach dem unerwarteten Tod von Alexander I. hatte die Regierungszeit von *Nikolaus I.* mit dem Aufstand der Dekabristen begonnen, auf den der Zar mit verstärkter Bespitzelung und Unterdrückung reagiert. Es kommt zu einer schicksalhaften Begegnung zwischen Nikolaus und dem Dichter. Sie ist überliefert: *»Puschkin, hättest du am 14. Dezember mitgemacht, wenn du in Petersburg gewesen wärest?«* Puschkin: *»Ja, alle meine Freunde waren dabei.«* Nikolaus: *»Ich darf annehmen, dass du nun vernünftig geworden bist. Um deine Verbannung aufzuheben, brauche ich dein Ehrenwort! Von jetzt an werde ich persönlich dein Zensor sein.«*

1831 heiratet Puschkin *Natalja Gontscharowa*. Alle sind von Nataljas Schönheit entzückt, der Zar nicht ausgenommen. Er soll sogar ihr Porträt in seiner Taschenuhr mit sich herumgetragen haben. Um die Puschkins und besonders Natalja bei Hofe auch privat empfangen zu können, ernennt ihn der Zar 1833 zum Kammerjunker. Puschkin ist enttäuscht über diesen Rang, der gewöhnlich nur an »achtzehnjährige Grünschnäbel« verliehen wird.

Das Leben bei Hof ödet ihn zunehmend an. Er verfasst von Todesahnung geprägte Abschiedsgedichte. Doch Natalja findet Gefallen an Bällen, glamourösen Empfängen, ausgelassenen Landpartien. Sie wird von Baron *Georges-Charles d'Anthès* bedrängt, einem karrieresüchtigen Gardeoffizier, der zwar mit Nataljas Schwester *Katharina* verheiratet ist, aber Puschkins Ehefrau unverblümt den Hof macht. Der Dichter schreibt seinem »Schwippschwager« einen Brief von angeblich beleidigendem Inhalt, der fordert ihn zum Duell auf. Drei Tage davor empfängt der Zar die verehrte Natalja zu einer Privataudienz. Die Dichterin *Anna Achmatowa* erhält 100 Jahre später Einblick in das Puschkin-Archiv, seither wissen wir, dass Puschkin um diesen Besuch wusste – und dass er ihn in seiner Todessehnsucht bestärkt hat.

Bei dem Duell bricht Puschkin mit einer Schussverletzung zusammen, er lebt noch drei Tage in seiner Wohnung, dem heutigen *Puschkin-Museum* 24 *(▸ E 3)*, an der Moika. Am Sterbelager versammeln sich engste Freunde und die Familie. Tausende haben sich vor dem Haus des Dichters eingefunden. Auf Befehl des Zaren trifft dessen Leibarzt ein. Nikolaus schreibt Puschkin zwei Tage vor seinem Tod: »*Mach Dir keine Sorgen um Frau und Kinder. Sie werden meine Kinder sein und ich nehme sie in meine Obhut.*« Zur Beerdigungszeremonie finden sich wieder Tausende ein. Professoren und Studenten wird die Teilnahme untersagt.

PUSCHKIN-MUSEUM 24 ▸ *E 3*
Nab. Reki Moiki 12, Zentrum
www.museumpushkin.ru
▶ Metro: Newski Pr.

PUSCHKIN (ZARSKOJE SELO)
▶ Elektritschka: Detskoje Selo
25 km südlich von St. Petersburg

FJODOR DOSTOJEWSKI
1821–1881

Russlands großer Schriftsteller hat einen Wandel hinter sich wie Saulus zu Paulus: Aus dem erbitterten Gegner des Zarentums, der sogar zum Tode verurteilt war, wurde ein grenzenlos ergebener Untertan.

Russische Schriftsteller leben in der Regentonne, essen Silberfischchen und schlafen mit Waschfrauen«, hat *Anton Tschechow* gesagt und damit seinen Kollegen Fjodor Dostojewski gemeint, den er außerordentlich schätzte und mit dem er ein gemeinsames Los teilte: bittere Armut in jungen Jahren. Zeit seines Lebens war Dostojewski ein Getriebener, immer auf der Flucht vor Gläubigern, Verlegern und der Geheimpolizei. Er ist in St. Petersburg an die 20-mal umgezogen. Seine Unterkünfte fand er um den *Heumarkt, Sennaja Ploschad* 11 (▸ E 7). Dieses armselige Viertel ist Schauplatz vieler seiner Romane, vor allem aber mit »Schuld und Sühne« verbunden, dem, so Thomas Mann, »größten Kriminalroman aller Zeiten«.

Sein Held Raskolnikow verließ die drückende Enge seines Zimmers, *»trat auf die Straße und ging langsam, gleichsam unentschlossen in Richtung der K.-Brücke. Auf der Straße war eine furchtbare Hitze, dazu noch die drückende Schwüle und das Gedränge. Die Nähe des Heumarktes, der unerträgliche Gestank aus den Spe-*

Fjodor Dostojewski in den 1860er-Jahren. Charakteristisch für sein Werk ist vor allem die einfühlsame Beschreibung der Romanfiguren.

lunken, von denen es in diesem Teil der Stadt besonders viele gab, die vielen Betrunkenen ließen einen Ausdruck tiefsten Ekels über sein Gesicht huschen«.

Auch heute ist der *Heumarkt* in St. Petersburg nicht unbedingt eine Zierde. Die vor ein paar Jahren errichteten gläsernen Einkaufszentren sind heruntergekommen und machen einen trostlosen Eindruck, in den düsteren Hinterhöfen stapeln sich Abfall,

Der Heumarkt von St. Petersburg: das Viertel, in dem Dostojewski lebte und das er in seinem Roman »Schuld und Sühne« beschreibt.

Drogenbestecke, Flaschen. Die Bronx von St. Petersburg – erbärmlich, schäbig und verkommen.

Von Jugend an ist Dostojewski mit Elend und Armut konfrontiert: Sein Vater, Armenarzt an einem Moskauer Hospital, ist ein pedantischer Geizkragen. Als die Mutter 1837 an Schwindsucht stirbt, schickt der Vater den Sohn nach Petersburg auf die Ingenieurschule der Militärakademie. Die ist im Michaelsschloss *(▸ G 3)*, das Zar *Paul* um 1800 aus Furcht vor Anschlägen wie eine Festung hat errichten lassen. Dostojewski, ein mittelmäßiger Student, ist mehr an Literatur als an technischen Studien interessiert.

Noch während des Studiums wird der Vater von Leibeigenen auf seinem Gut bei Tula unter nicht näher geklärten Umständen ermordet, angeblich sollen sie den jähzornigen Herrn in Wodka ertränkt haben. Für die freudianisch ausgerichtete Dostojewski-Forschung ein gefundenes Fressen. Den herbeigesehnten Mord am tyrannischen Vater führen andere aus. Dostojewski soll sich sein Leben lang mitschuldig gefühlt haben. Sigmund Freud brachte in seinem Aufsatz »Dostojewski und die Vatertötung« die Epilepsie, an der Dostojewski lange gelitten hat, mit der Tat in Verbindung.

EIN RASTLOSES LEBEN FÜR DIE LITERATUR

Dostojewski quittiert den Dienst, um sich ganz der Literatur zu widmen. Rastlos arbeitet er an seinen ersten Romanen und Erzählungen, die allesamt in St. Petersburg spielen, in den Armenvierteln hinter der *Kasaner Kathedrale* 13 *(▸ E 5)*, am Ufer der Newa *(▸ A 1, 4/5–K 1)*, abseits der prächtigen Palais und Boulevards. Seine Existenz als Schriftsteller ist mit St. Petersburg verbunden. Die berühmten Weißen Nächte von St. Petersburg, in denen die Sonne nur für kurze Zeit untergeht, haben seine Fantasie entzündet, seine Helden taumeln gleichsam zwischen Traum und Wirklichkeit durch die Stadt, auch Arkadi aus der Erzählung »Der Jüngling«:

»Auf der Newabrücke blickte er angestrengt den Fluss entlang in die neblige, frostige Ferne, die jäh auflohte im letzten blutigen Purpur der Abendsonne ... Die erstarrte Luft vibrierte beim leisesten Geräusch, und zu beiden Seiten des Flusses stiegen über den Dächern Rauchsäulen auf, erhoben sich wie Riesen, reckten und streckten sich sodass es schien, als erwüchsen neue Gebäude über den alten, als entstünde eine neue Stadt in der Luft ... Schließlich war mir so, als ähnelte in jener Abendstunde diese ganze Welt mit all ihren Bewohnern, mit all ihren Häusern, den Elendsquartieren der Armen und den goldverzierten Palästen, einem phantastischen, zauberähnlichen Traum, der jeden Augenblick verschwindet und sich als Dunst zum dunkelblauen Himmel emporheben würde.«

Wissarion Belinski, einflussreicher Kritiker in St. Petersburg, ist von den ersten Romanen begeistert. Besonders angetan haben es ihm die »Armen Leute«, ein Roman in Briefen, der, so Belinski, »erstmalig die Geheimnisse und Charaktere Russlands meisterhaft enthüllt«. Dostojewski ist vom Erfolg beflügelt. In einem Brief an seinen Bruder im Jahr 1846 schreibt er: *»Über die ›Armen Leute‹ spricht halb Petersburg. So bin ich denn, mein lieber Bruder, in die höchsten Kreise gestiegen.«* Er fügt noch hinzu: *»Alle Minnas, Claras, Mariannen etc. sind erstaunlich nett geworden, kosten aber einen Haufen Geld.«*

In den St. Petersburger Salons auf dem Newski Prospekt *(▸ D 4–K 6)* verkehrt er von nun an regelmäßig. *Awdotja Panajewa*, Gattin eines Literaturpublizisten, hat ein Verhältnis mit Dostojewski und erinnert sich: *»Schon beim ersten Blick auf Dostojewski konnte man sehen, dass er ein schrecklich nervöser und sensibler junger Mann war. Fast bei jedem Wort, das ohne jede böse Absicht gesagt wurde, vermutete er die Absicht, sein Werk herabzusetzen und ihn zu beleidigen.«* Der frühe Ruhm mag ihm in den Kopf gestiegen sein, hat aber auch Neider auf den Plan gebracht: *»Dieser Kerl ist der neue glänzende Pickel auf der Nase der russischen Literatur«*, so der Schriftsteller *Iwan Turgenjew*.

Ohne die Tragweite seines Handelns abschätzen zu können, schließt sich Dostojewski einem Geheimbund an, dem radikalsozialistischen Petraschewski-Kreis. Schon um 1844 war die auf der *Wassiljewski-Insel* **32** *(▸ A/B 2–4)* gelegene Wohnung von *Michail Petraschewski*, einem hohen Beamten am Zarenhof, Treffpunkt von Utopisten. Sie strebten die Befreiung Russlands von zaristischer Willkür mit Gewalt an. Die von Spitzeln durchdrungene Untergrundorganisation fliegt auf, am 23. April 1849 werden sämtliche 28 Mitglieder in die Kasematten der *Peter-und-Paul-Festung* **23** *(▸ D 1)* geworfen, eine Gedenktafel erinnert hier an Dostojewskis Kerkerhaft. 15 von ihnen, darunter Dostojewski, werden zum Tode verurteilt und nach qualvollen Monaten in der Festung vor ein Exekutionskommando gestellt.

Das Grab Dostojewskis auf dem Tichwiner Künstlerfriedhof am Alexander-Newski-Kloster.

Auf der berüchtigten Hinrichtungsstätte Semjonow-Platz in der Nachbarschaft des heutigen Witebsker Bahnhofs, soll die Exekution stattfinden. Die Gewehre sind schon durchgeladen, als in letzter Minute ein Gnadenerlass des Zaren verlesen und die Todesstrafe in eine mehrjährige Verbannung nach Sibirien verwandelt wird. Aus der Verbannung richtet Dostojewski eine Bitte an *Alexander II.*: *»In tiefster Ehrfurcht heißer grenzenloser Ergebenheit wage ich es, mich den treusten und dankbarsten Untertan Ew. Kaiserlichen Majestät zu nennen.«*

Nach zehn Jahren wird ihm der Aufenthalt in St. Petersburg wieder gestattet. Dostojewski ist nun zu der Erkenntnis gekommen, dass die adligen Intellektuellen und das Volk sich niemals verstehen können, weil die Gebildeten sich durch materialistische westliche Ideen dem Volk entfremdet haben. Seine Lösung: eine Rückkehr »zum Boden, zu den Wurzeln des eigenen Volkes«. In der Verbannung hat sich Dostojewski vom atheistischen Rebellen zum christlichen Utopisten gewandelt. Davon legen seine »Aufzeichnungen aus einem Totenhaus« Zeugnis ab.

Zurück in St. Petersburg schreibt Dostojewski in ständig wechselnden Quartieren fieberhaft wie ein Besessener, denn er hatte »Schuld und Sühne« (heute auch »Verbrechen und Strafe«)

schon an seinen Verleger *Katkow* verkauft, bevor er den Roman überhaupt zu Papier gebracht hat. Der sitzt ihm jetzt im Nacken und drängt zur Eile. 1866 erscheint der Roman in Fortsetzungen im »Russischen Boten« (»Russki Westnik«). Er wird in ganz Europa ein durchschlagender Erfolg. Bei aller Spannung ist der Roman hochphilosophisch, es geht um ein Verbrechen, das den Täter innerlich zerfressen muss, es sei denn, es wird durch Liebe und Buße gesühnt. Durch die Tantiemen kann er Schulden zurückzahlen und sich seine raffgierigen Verwandten vom Hals halten.

Immer auf der Suche nach Geld, um die Schulden, im europäischen Ausland auch Spielschulden, zu begleichen, geht Dostojewski Verträge mit skrupellosen Verlegern ein, ohne an die Konsequenzen zu denken. So hat er sich verpflichtet, seinen Roman »Der Spieler« innerhalb von nur wenigen Monaten abzugeben, ein hoffnungsloses Unterfangen, das ihn finanziell ruinieren und seinen Ruf als Schriftsteller zerstören könnte.

DIE SPIELSUCHT TREIBT IHN NACH DEUTSCHLAND

Rettung bringt ausgerechnet der Verleger, der ihn mit der Frau bekannt macht, die ihn treu ergeben sein Leben lang lieben wird: seine zweite Ehefrau *Anna Grigorjewna*. Ein Engel ist in sein Leben getreten. Sie gibt den Roman, den er ihr in nur 26 Tagen diktiert, termingemäß ab und wird jetzt auf ihren Mann aufpassen, ob in St. Petersburg oder in den Spielcasinos von Baden-Baden, Bad Homburg oder Bad Ems. Und sie erträgt auch seine Spielsucht, von der er sich erst zehn Jahre vor seinem Tod endgültig befreien kann.

Die letzten Jahre verbringt Dostojewski mit seiner Familie in seiner *Wohnung* in der *Kusnetschny-Gasse 5* 7 *(▸ J 7)*, in der er die Glocken der Wladimir-Kirche hören kann. Anna Grigorjewna sorgt für einen geregelten Tagesablauf und achtet auf die angeschlagene Gesundheit ihres Gatten. Er ist jetzt ein weltweit anerkannter Schriftsteller, die Stimme des orthodoxen Russlands. Sein größter Triumph wird die Rede zur Enthüllung des Puschkin-Denkmals im Juni 1880, in der er ein tiefgläubiges, zarentreues Russland zum Retter der Menschheit erklärt.

Ein halbes Jahr später, am Morgen des 28. Januar 1881, blickt er vom Diwan zu seiner Frau auf und sagt: *»Ich weiß, dass ich heute sterbe, zünde die Kerzen an und gib mir das Neue Testament.«* Er stirbt am selben Abend. Über 60 000 Menschen folgen seinem Sarg zum *Alexander-Newski-Kloster*, wo er auf dem *Tichwiner Friedhof* beigesetzt wird.

Sein Grabmal schmückt eine überlebensgroße Büste. Ein langbärtiger steinerner Dostojewski schaut mahnend in die Welt, auf das russische Schicksal zwischen Traum und Wirklichkeit.

ALEXANDER-NEWSKI-KLOSTER, TICHWINER FRIEDHOF
Grab von Fjodor Dostojewski
Pl. Alexandra Newskowo 58, Zentrum
www.lavra.spb.ru
▶ Metro: Pl. Alexandra Newskowo

DOSTOJEWSKI-HAUS 7 ▶ *J7*
Kusnetschny Per. 5/2, Zentrum
www.md.spb.ru
▶ Metro: Sennaja Pl.

HEUMARKT-VIERTEL 11 ▶ *E7*
Zentrum
▶ Metro: Sennaja Pl.

PETER-UND-PAUL-FESTUNG 23 ▶ *D1*
Troizkaja Pl., Petrograder Seite
www.spbmuseum.ru
▶ Metro: Gorkowskaja

PETER TSCHAIKOWSKY
1840–1893

Er sollte Jurist werden – ein Lebensplan, der gottlob nicht aufging. Stattdessen wurde er der erste russische Komponist, der Weltruhm erlangte. Der Tod dieses genialen Mannes bleibt geheimnisvoll.

Wie das Aufstöhnen eines Verzweifelten wirkt der Beginn der Sinfonie »Pathétique«, der 6. Sinfonie von Tschaikowsky. Das Werk wird 1893 nur wenige Tage vor dem plötzlichen Tod des Komponisten unter seiner Leitung in St. Petersburg uraufgeführt. Ein paar Tage später trauern Tausende in den Straßen der Stadt, das *Mariinski-Theater* 18 *(▸ A 7)* ist schwarz verhängt, Zar *Alexander III.* schickt Blumen und bestellt das Requiem. Es ist der 10. November 1893, als Peter Iljitsch Tschaikowsky zu Grabe getragen wird. Nur 53 Jahre wird er alt. Zuvor wird die Totenmesse in der *Kasaner Kathedrale* 13 *(▸ E 5)* gelesen.

Zugleich liefen schon Gerüchte durch die Hauptstadt, die seinen Tod betrafen. War es ein Glas nicht abgekochtes Wasser, das ihm die Cholera gebracht hatte? Oder hatte er sich mit Arsen vergiftet, gezwungen von einem zaristischen Ehrengericht, weil ihn seine homophilen Amouren bis in den Freundeskreis des Zaren getrieben hatten? Bis heute sind diese Fragen nicht geklärt. Seine

Peter Tschaikowsky 1863 als junger Mann. Da hatte er seinen Posten im Justizministerium bereits aufgegeben, zugunsten der Musik.

letzten Tage verbrachte er bei seinem Bruder *Modest* in St. Petersburg, schmiedete Pläne für die Zukunft. Mit dabei war sein Neffe *Bobik*, ein enger Begleiter, und es gibt die Vermutung, dass »die Zuneigung mehr als eine platonische war«. Zu dritt besuchten sie das Kaffeehaus Wolf und Béranger – heute das *Literaturcafé* 15 (▸ *D 4)*, das *Literaturnoje Kafe* – am Newski Prospekt. Tschaikowsky trank trotz der Proteste seines Bruders ein Glas nicht

Das Literaturcafé: Hier trank Tschaikowsky angeblich ein Glas unabgekochten Wassers – und infizierte sich mit Cholera.

abgekochten Wassers. Dieser erinnerte sich: »*Seine Seelenstimmung war in den letzten Tagen weder ausschließlich fröhlich noch besonders gedrückt. Im Kreise seiner intimen Freunde war er munter und zufrieden, in Gesellschaft Fremder wie gewöhnlich nervös und erregt und später erschöpft und welk. Nichts gab Anlass, an das Herannahen des Todes zu denken.*«

Tschaikowsky wurde 1840 als Sohn eines Bergbaudirektors geboren. Schon seit seinem vierten Lebensjahr unterrichtete ihn die Mutter im Klavierspiel, das er auch leidenschaftlich betrieb. Und doch schickte sein Vater den Zehnjährigen auf die Petersburger Juristenschule. Die Trennung von der Mutter muss in dem übersensiblen und leicht erregbaren Jungen ein tiefes Trauma ausgelöst haben. Vier Jahre später starb sie an den Folgen der Cholera. Als Peter 1859 die Juristenausbildung mit dem Rang eines Titularrates abschloss, erwartete die Familie, dass er in den

Staatsdienst eintreten und seine Leidenschaft für die Musik hinter sich lassen würde. Der Sohn gehorchte, studierte aber nebenbei Klavierspiel und sang in einem renommierten Chor. 1862 gab Tschaikowsky seinen freudlosen Posten im Justizministerium auf, um sich am *St. Petersburger Konservatorium* 29 *(▸ B 7)* ganz der Musik zu widmen. Als erfolgreichster Schüler absolvierte er das Konservatorium. Seine Büste im Foyer erinnert noch heute an ihn.

Drei Jahre unterrichtete Tschaikowsky als Lehrer am Moskauer Konservatorium und komponierte dort seine erste Sinfonie. Der liebenswürdige und gut aussehende Tschaikowsky, blond, mit hoher Stirn und ebenmäßigen Gesichtszügen, wurde von Frauen umschwärmt; seine homosexuellen Affären verbarg er. Dieses Bestreben, sich als ein anderer zu geben, verursachte ihm ein Leben lang Depressionen und bestimmte sein Werk. Zwar war Homosexualität in der oberen Gesellschaft des zaristischen Russlands stillschweigend geduldet, doch wurde diese Neigung öffentlich, drohte die Verbannung nach Sibirien.

EINE SCHEINEHE, WEIL ER MÄNNER LIEBTE?

Als eines der wichtigsten Jahre im Leben des Komponisten gilt 1877. An seinen Bruder Modest schrieb er: *»Ich habe in dieser Zeit viel an Dich gedacht, und auch an mich: an meine Zukunft. Das Resultat meines Denkens ist der feste Entschluss, in den Stand der Ehe zu treten, mit wem es auch sei.«* Er heiratete kurz darauf eine ehemalige Konservatoriumsschülerin. Die Flitterwochen führten ihn in das *Grand Hotel Europe* 10 *(▸ F 5)*. Die Lage gegenüber der Philharmonie machte das Hotel zu einem der berühmtesten Treffpunkte der Musikwelt. Im *Grand Hotel*, damals hieß es noch Hotel Jewropejskaja, wollte er seine neue Weggefährtin der Familie vorstellen.

Die Ehe dauerte nur drei Monate. Jahrelang sollte er für diese Liaison büßen. Die unglückliche Verbindung trieb ihn in einen

Selbstmordversuch und dann in die Flucht. Gerettet hat ihn die 14 Jahre während Brieffreundschaft mit *Nadeschda von Meck*. Die reiche Witwe eines Eisenbahnunternehmers unterstützte ihn mit einer ansehnlichen Jahresrente, sodass sein größter Wunsch, unabhängig zu sein und reisen zu können, in Erfüllung ging. Die zunehmende Popularität nahm er sehr ambivalent auf und beklagte sich bei seiner Brieffreundin: »*Ruhm! Welch gegensätzliche Gefühle löst dieses Wort in mir aus. Einerseits wünsche und erstrebe ich ihn, andererseits ist er mir verhasst ... Manchmal erfasst mich der unsinnige Wunsch, mich ein für allemal irgendwo zu verbergen ... Aber da meldet sich wieder der Schaffensdrang, und wieder fliege ich dem Feuer entgegen, und versenge mir die Flügel.*«

Berühmt als Komponist, erlangte er in seinen letzten Lebensjahren auch internationale Meriten als Dirigent seiner Werke. Gelebt hat Peter Tschaikowsky überwiegend auf dem Land, nach St. Petersburg kam er, um seine Familie zu treffen und um an seinen Aufführungen teilzunehmen.

Bei einer Vorstellung der Oper »Eugen Onegin«, die 1884 im *Mariinski-Theater* in Gegenwart der Zarenfamilie stattfand, wünschte Zar Alexander III., ihn zu sehen. Er »*unterhielt sich sehr lange und überaus freundlich mit mir, fragte mich mit großer Teilnahme über alle Einzelheiten meines Lebens und musikalischen Schaffens aus und führte mich dann zur Zarin*«, berichtete Tschaikowsky seiner Freundin Nadeschda von Meck.

Fünf Jahre später fand im *Mariinski* die Uraufführung seines Balletts »Dornröschen« statt. Der geniale Ballettmeister *Marius Petipa* choreografierte. Das Werk wurde jubelnd aufgenommen und galt als Meilenstein in der Ballettmusik. Noch heute ist »Dornröschen« in dieser Choreografie im *Mariinski* zu sehen.

Tschaikowsky fühlte sich bestätigt, dass diese Komposition zu seinen besten zählt. Im Dezember des gleichen Jahres erlebte

Im Mariinski-Theater wurde 1890 das Ballett »Dornröschen« mit der Musik Tschaikowskys uraufgeführt: ein riesiger Erfolg.

er in St. Petersburg einen Triumph bei der Uraufführung seiner Oper »Pique Dame«; basierend auf der gleichnamigen Erzählung Puschkins, schrieb sein Bruder Modest das Libretto. Tschaikowsky komponierte die Oper in Florenz in nur wenigen Wochen.

Seine Ballette und Opern galten als Inbegriff des klassischen Ideals. In »Dornröschen« und »Pique Dame« ließ er die imperiale Pracht des 18. Jahrhunderts wiedererstehen. *»Am Abend seiner Premiere von Pique Dame verließ Tschaikowsky das Mariinski-Theater und streifte allein durch die Straßen von Petersburg in der festen Überzeugung, dass seiner Oper kein Erfolg beschieden sei«*, schreibt Orlando Figes in »Nataschas Tanz. Kulturgeschichte Russlands«. Drei junge Männer kamen ihm entgegen und schmetterten begeistert eines der Opernduette. Der Komponist sprach sie an und fragte, woher sie die Musik kannten. Sie sagten, dass sie aus der Oper kämen, und stellten sich höflich vor: *Sergej Diag-*

hilew, sein Cousin *Dmitri Filosofow* und der Maler *Alexander Benois*. Letzterer schrieb später im Pariser Exil: »*Tschaikowskys Musik schien das zu sein, worauf ich seit meiner frühesten Kindheit gewartet hatte.*«

Der junge Diaghilew, der sich gerade mit der Petersburger Musikszene vertraut machte, notierte: »*Tschaikowsky kam nicht oft zu den Konzerten, aber ich sah ihn dann und wann und unterhielt mich mit ihm. Der jung wirkende, aber schlohweiße Herr war damals das Idol der Musikwelt von St. Petersburg.*«

1891, bevor Tschaikowsky zu einer Amerikareise aufbrach, gab er in Petersburg ein Abschiedsfest für seinen Neffen Bobik und Freunde. Klaus Mann fabuliert in seinem Roman »Symphonie Pathétique«, dass Tschaikowsky vor der Abreise eine Wehmut ergriff, und lässt ihn sagen: »*Ich bin ein alter, verbrauchter Mann, und trotzdem bin ich fast der einzige russische Komponist, der in den Spielplan der Opernhäuser von Moskau und St. Petersburg kommt, in dem sonst nur Ausländer vertreten sind.*«

TSCHAIKOWSKYS WELTWEITER RUHM

In Amerika feierte er große Erfolge. Tschaikowsky war der erste Komponist, der den Ruhm russischer Musik über die Grenzen Russlands hinaustrug. Seine letzten drei Sinfonien gehören zu den Standards des internationalen Konzertprogramms, in den Petersburger Musiktheatern sind seine Opern »Pique Dame«, »Mazeppa«, »Eugen Onegin« sowie seine Ballette »Dornröschen«, »Nussknacker« und »Schwanensee« stets im Repertoire. »*Die Musik Tschaikowskys, die nicht allen eindeutig russisch vorkommt, ist häufig in tieferem Sinne russisch als das, was vor langer Zeit mit dem oberflächlichen Etikett moskowitischer Bildlichkeit bedacht wurde. Diese Musik ist in jeder Hinsicht so russisch wie Puschkins Gedichte oder Glinkas Lieder*«, so der Musikwissenschaftler Richard Taruskin.

Seine unter dem Beinamen »Pathétique« berühmt gewordene letzte Sinfonie endet so düster, wie sie beginnt, und verleiht dem Ende Tschaikowskys eine tragische Note. Die Musik trägt jenen schwermütigen Wesenszug, der die russische Kultur allgemein prägt. Auch der junge Impresario und Kunstkritiker Diaghilew hatte der Uraufführung beigewohnt und las ein paar Tage später entsetzt in der Zeitung von Tschaikowskys Tod. Er eilte sofort in die *Malaja Morskaja 13 (▸ D 5)*, in die Wohnung des Bruders Modest, wo er bei der Aufbahrung half.

Zu Grabe getragen wurde der Komponist auf dem *Tichwiner Friedhof*, der Nekropole der Künstler. Sein Grab ist eindrucksvoll: Peter Iljitsch Tschaikowsky, dessen Büste auf einem Sockel thront, wird von zwei Engeln bewacht.

ALEXANDER-NEWSKI-KLOSTER, TICHWINER FRIEDHOF
Grab von Peter Tschaikowsky
Nab. Reki Monastyrki 1, Zentrum
www.lavra.spb.ru
▸ Metro: Pl. Alexandra Newskowo

GRAND HOTEL EUROPE 10 ▸ *F 5*
Michailowskaja Ul. 1, Zentrum
www.grand-hotel-europe.com
▸ Metro: Newski Pr.

LITERATURCAFÉ 15 ▸ *D 4*
Newski Pr. 18, Zentrum
▸ Metro: Newski Pr.

MARIINSKI-THEATER 18 ▸ *A 7*
Teatralnaja Pl. 1, Zentrum
www.mariinsky.ru
▸ Metro: Newski Pr.

ILJA REPIN

1844–1930

Der realistische Maler wurde »der russische Rembrandt« genannt. Die Bilder dieses Exzentrikers und Frauenliebhabers gelten bis heute als Nationalheiligtum. Dabei hatte alles ganz anders angefangen.

Die ehrwürdige *Akademie der Künste* **1** *(▸ A 4)*. Ein auffälliger Prachtbau der Neoklassik, gegenüber dem *Winterpalais* **8** *(▸ D 3)* an der Newa gelegen. Im 19. Jahrhundert heißt die Institution noch Russische Kaiserliche Kunstakademie, die auf Katharina die Große zurückgeht. Hier werden Maler streng akademisch ausgebildet, man pflegt heroische Sujets aus Religion und Geschichte. »Göttermahl in Walhalla« lautet im Jahre 1863 das Thema fürs Diplom. 14 Studenten der Abschlussklasse proben den Aufstand und verweigern sich der Prüfung. Sie wollen das malen, was vor ihren Augen im Land passiert: Hunger, Elend, Verwahrlosung. Ungeschminkt sollen die Verhältnisse im russischen Imperium dargestellt werden. Natürlich droht die sofortige Relegation, denn mit der zaristischen *Akademie* ist nicht zu spaßen.

Um ihre Bilder der einfachen Bevölkerung zu zeigen, gründen sie die »Gesellschaft der Wandermaler« und ziehen mit ihren Leinwänden durch Provinzstädte und von Dorf zu Dörfchen. »Ein

Der russische Maler und Bildhauer Ilja Repin gilt als der bedeutendste Vertreter des russischen Realismus.

Gewitter, das die Luft der russischen Kunst reinigte«, nennt der einflussreiche Kunstkritiker *Wladimir Stassow* das Unternehmen der jungen Maler, zeigen sie doch Mut und opponieren nicht nur gegen ihre konservativen Akademieprofessoren, sondern auch gegen das totalitäre Regime des Zaren. Die Sache der »Wanderer« hat Erfolg. Mäzene und bedeutende Kunstsammler unterstützen die Bewegung. Ihnen ist nicht entgangen, dass unter den »Jungen

Wilden« Talente zu finden sind, wie Ilja Repin, der 1864 aus der fernen Provinz nach St. Petersburg gekommen ist und sich den »Peredwischniki«, den »Wanderern«, anschließt.

Er stammt aus einfachen Verhältnissen. Sein Vater war Bauer und diente der zaristischen Armee in Tschugujew, einer Kleinstadt bei Charkow. Repin hat das Handwerk der Ikonenmalerei gelernt. Man wird auf seine Begabung aufmerksam und schickt den 20-Jährigen zur Ausbildung nach St. Petersburg. Dort schließt er die *Akademie der Künste* mit der Großen Goldmedaille ab.

Schon während der Studienjahre in St. Petersburg beobachtet Repin die Treidler an der *Newa (▸ A 1, 4/5 – K 1)*, zerlumpte Gesellen, die, in schwere Gurte gespannt, bei glühender Hitze große Segelschiffe stromaufwärts ziehen. Das Sujet lässt ihn nicht mehr los. Er fährt an die Wolga und folgt den Spuren des Schriftstellers *Maxim Gorki*, dessen Großvater in Nischni Nowgorod als Treidler gearbeitet hat. Viele Jahre malt er an seinem berühmtesten Bild, den »Wolgatreidlern«.

GEMALTER PROTEST – DEM ADEL GEFÄLLT'S

Als das Bild 1873 in der *Akademie* ausgestellt wird, gefällt es einem Sohn des Zaren, Großfürst *Wladimir Alexandrowitsch*, auf Anhieb: Er kauft es und hängt es pikanterweise im Speisesaal seines Palasts auf. Die »Wolgatreidler« machen Repin berühmt und verbessern seine Finanzlage. So unternimmt er mit Wladimir Stassow eine Europareise. Von Paris ist er wenig beeindruckt, nur das in einem Delikatessenladen ausgestellte Aquarium inspiriert ihn zu seinem Meisterwerk aus der russischen Märchenwelt: »Sadko«, der auf dem Meeresgrund eine schöne Nixe trifft.

In Dresden stehen die beiden vor verschlossenen Türen, als sie Raffaels »Sixtinische Madonna« in der Gemäldegalerie besichtigen wollen. An den Pfingstfeiertagen hatte das Museum damals

Das Ölgemälde »Die Wolgatreidler« von Repin aus den Jahren 1870 bis 1873. Es ist im Russischen Museum in St. Petersburg ausgestellt.

geschlossen. Repin nutzt die Gelegenheit und vollendet in dem bei Russen besonders beliebten Dresdner Hotel de Saxe das Porträt seines Freundes in 15 Stunden. Es scheint gelungen, Stassows wohlhabender Bruder *Dmitri* erwirbt das Bild für seine Sammlung in St. Petersburg. Das Honorar spendet Repin großzügig einem Wohltätigkeitsverein für höhere Frauenbildung.

Frauen haben es ihm besonders angetan, dreimal hat Repin geheiratet. Mit Vorliebe porträtierte er die schönen Frauen der Petersburger Gesellschaft. Sein langjähriges, geheimes Verhältnis zur Schauspielerin *Andrejewa* musste er übereilt beenden, als der gehörnte Ehemann ihn zum Duell fordern wollte.

Ende des 19. Jahrhunderts wird Repin nicht nur Professor an der *Akademie der Künste*, Zar *Alexander III.* beauftragt ihn auch mit deren Reformierung. Doch die Arbeit missfällt ihm, nach zwei Jahren zieht er sich zurück. Zu viel Bürokratie und Ärger mit

Die Villa »Penaten« mit ihren Erkern und Spitzdächern. Hier im damaligen Kuokkala bei St. Petersburg lebte und arbeitete Repin.

missgünstigen Kollegen. Noch immer ist er einer der wichtigsten Vertreter der »Wanderer«. Die sind inzwischen salonfähig geworden. Repin hat sich längst weniger sozialen Themen zugewandt: Er porträtiert die High Society – Mitglieder des Zarenhofs, der Regierung, Schauspieler, Komponisten.

Auch Russlands Vergangenheit hat es ihm angetan: Es entstehen riesige Historienbilder. Vor dem Großformat »Die Saporoscher Kosaken schreiben einen Brief an den türkischen Sultan« drängen sich im *Russischen Museum* 26 *(▸ F 4)* heute Schulklassen und Touristen. Es ist jenes Bild, das ihm den Ruf des »russischen Rembrandt« einbringt. Zar Alexander III. kauft es 1897 und schenkt es dem *Russischen Museum*. Von den üppigen Honoraren kann sich Repin 1900 in Kuokkala, dem heutigen Repino, am Finnischen Meerbusen, 40 Kilometer vor St. Petersburg, einen Landsitz kaufen, den er sinnigerweise nach den römischen Schutzgöttern »*Penaten*« nennt.

Unruhige Zeiten sind in St. Petersburg zu Beginn des neuen Jahrhunderts angebrochen: Attentate auf die Zarenfamilie, Streiks in den Fabriken, Aufruhr an den Universitäten. Der Staatsapparat schlägt brutal zurück: Hinrichtungen, Kerker und Verbannung. Repin sucht Ruhe auf seinen *Penaten*. Er baut um und zimmert sein »Heiligtum«, das Atelier im Obergeschoss. Allein die Überdachung aus Glas kostet ihn ein Vermögen. Aber er kann es sich leisten und setzt verschrobene Ideen um: Wo immer es möglich ist, lässt er kleine Veranden und verglaste Erker an die Außenwände kleben. Eine Baupolizei gab es weder damals noch heute.

Es muss hoch hergegangen sein in den *Penaten* der 1910er- und 1920er-Jahre: Es kommen Künstler, Literaten und Musiker. Und alle sind angewiesen, sich dem Ritual des exzentrischen Malers zu unterwerfen: *»Selbstbedienung! Ziehen Sie Mantel und Galoschen selbst aus! Öffnen Sie die Tür zum Speisezimmer selbst!«* Wer hat sich nicht alles um den berühmten runden Esstisch versammelt, den der Hausherr drehbar konstruierte: *Leo Tolstoi*, *Wladimir Majakowski*, *Alexander Glasunow*, *Modest Mussorgski*, *Fjodor Schaljapin*, *Anton Tschechow*, die Crème de la Crème der russischen Gesellschaft.

Empfangen wird immer mittwochs. Die Dame des Hauses, *Natalja Nordman*, gut 20 Jahre jünger als der Hausherr und ebenfalls sehr eigensinnig, achtet darauf, dass sich nicht mehr als 30 Gäste versammeln. Vor dem Essen wird getanzt, meist Polka, die Musik kommt von einem Grammofon. Dann weist die Hausfrau jedem seinen Platz am Tisch zu. Auf einem ebenfalls drehbaren, runden Tablett sind die Speisen angerichtet, streng vegetarisch. Ungewöhnlich in jenen Jahren, aber nicht in Kuokkala. Wer gegen die Regel der Selbstbedienung versehentlich verstößt, wird bestraft: Er muss eine Rede zu einem von Repin bestimmten Thema halten. Repin ist gesellig, erzählt gern von seiner Kindheit und seinen Reisen, und wenn Schauspieler bei Tisch sitzen, wird deklamiert.

Fjodor Schaljapin, ein häufiger Gast, regt die Tischgesellschaft zum gemeinsamen Singen an. Hinter vorgehaltener Hand wird über die Ehefrau getuschelt. Repin hat sie in Petersburger Künstlerkreisen kennengelernt, da war er schon kein Jüngling mehr. Die mehr oder minder erfolglose Schriftstellerin schreibt Frauenstücke, für die Repin Kostüme entwerfen muss. Einer der Gäste, *Tito Colliander*, erinnert sich: *»Nachdem Repin selbst dem weiblichen Geschlecht sehr zugetan war und diverse Affären hatte, geriet er in die Krallen dieser von sich selbst sehr überzeugten, herrschsüchtigen Frau. Die ließ ihn nicht mehr los und manchmal war es geradezu peinlich mitzuerleben, wie sie ihn dominierte.«*

Da hatten sich zwei Exzentriker getroffen, denn auch von Repin weiß man, dass er, allein was die Auswahl seiner Kleidung betrifft, ein Sonderling war: Meist trug er eine Art Tirolerjoppe mit dazu passendem Hut, im gepflegten Anzug sah man ihn selten. Luxus war ihm fremd. In St. Petersburg nahm er auch als bekannter Künstler häufig die Straßenbahn, aß mit den Studenten in der Mensa und wohnte in einer bescheidenen Wohnung am heutigen *Repin-Platz*.

DER RUSSE REPIN WIRD FINNE

Der kleine Datschenort Kuokkala ist beliebt bei den Petersburger Malern, die man nicht selten beim Spazierengehen im Wald trifft. Einmal begegnet er den jungen Futuristen, den Malern *David Burljuk* und *Michail Matjuschin*, und dem Dichter Wladimir Majakowski. Die wollen ja eigentlich – so steht es in ihren Manifesten – »die Museen vom Dampfer der Geschichte« werfen. Ilja Repin gilt als konservativer, den neuen Strömungen gegenüber nicht aufgeschlossener Künstler. Aber das Treffen verläuft friedlich und in gegenseitigem Respekt: In den *Penaten* werden heute noch kleine Zeichnungen ausgestellt, die die Künstler damals von sich gemacht haben.

Nach dem Ersten Weltkrieg wird Kuokkala finnisch, die Grenze zwischen der Sowjetunion und Finnland ist geschlossen. Russlands berühmtester Maler kann seine Heimatstadt nur noch selten betreten. Für Besuche ist ein Visum nötig, er klagt über Einsamkeit. Aber er ist auch in Finnland kein Unbekannter, man überschüttet ihn mit Ehrungen, Repin wird finnischer Staatsbürger.

1926 besucht ihn eine sowjetische Delegation und will ihn zur Rückkehr in die russische Heimat bewegen. Er zögert und lehnt ab: Die einsetzende Bevormundung der Künste durch Apparatschiks der Partei ist auch ihm nicht verborgen geblieben. Noch kurz bevor er 1930 hochbetagt stirbt, richtet er eine Petition an die finnische Regierung: Er will auf seinen *Penaten* beerdigt werden. Dem Beerdigungszug im Garten der *Penaten* folgen Tausende Freunde, Kollegen, Verehrer. Aus Finnland. Heute ist Kuokkala wieder russisch und heißt Repino, nach dem berühmten Maler. In seinem Landsitz ist nun ein Museum untergebracht.

AKADEMIE DER KÜNSTE 1 ▸ *A 4*
Universitetskaja Nab. 17, Wassilewski-Insel
▶ Metro: Wassileostrowskaja

PENATEN
Promorskoje Schosse 411, Repino
www.repino-museum.spg.ru
▶ Elektritschka: Repino, anschließend Bus 211: Penaty
Ca. 40 km nordwestlich von St. Petersburg

REPIN-WOHNUNG
Pl. Repina 3/5, Zentrum
▶ Metro: Sennaja Pl., Sadowaja

RUSSISCHES MUSEUM 26 ▸ *F 4*
Inschenernaja Ul. 2–4, Zentrum
www.rusmuseum.ru
▶ Metro: Newski Pr.

PETER CARL FABERGÉ

1846–1920

Er war der Liebling der Zaren und ihrer Frauen, denn er schuf die teuersten Eier der Welt – kostbare Juwelen aus Gold und Edelsteinen. Das geniale Werk eines Goldschmieds aus St. Petersburg.

Eine berühmte Szene in einem Londoner Auktionshaus. Das Objekt der Begierde: ein Krönungs-Ei von Fabergé aus der legendären Kollektion des Zaren. Der Agent Ihrer Majestät treibt den Preis ins Schwindelerregende. Bei einer Million Dollar steigt der Mitbieter Kamal Khan aus – und James Bond hat das Ei! So geschehen in »Octopussy«. In den 1980er-Jahren hat der Film erstmals gezeigt, was diese Goldeier heute wert sind. 50 solcher wahrhaft kaiserlichen Kostbarkeiten hat Peter Carl Fabergé für die Zarenfamilie gefertigt. Sie haben ihn reich und berühmt gemacht.

Aber warum mussten sich die begehrtesten Preziosen ausgerechnet in Eigestalt präsentieren? In Russland war und ist es immer noch üblich, sich zu Ostern Eier zu schenken, denn auch hier gilt das Ei als Symbol der Geburt, des Lebens und der Auferstehung. Das einfache Volk färbte sie mit Zwiebelschalen, mit Wald- und Wiesenkräutern, bemalte sie und verzierte sie liebevoll. Aber es gab auch damals schon Eier aus Glas und Porzellan.

Carl Fabergé, Juwelier der Zarenfamilie, belieferte den kaiserlichen Hof mit kostbarem Geschmeide, darunter allein 50 Goldeier.

In der Osternacht oblag es dem Popen, nicht nur die Gläubigen, sondern auch die unzähligen Ostereier zu segnen, die dann zum österlichen Fest der Auferstehung, den höchsten Feiertagen der russischen Orthodoxie, den reich gedeckten Tisch schmückten.

Für die Zarenfamilie musste es schon etwas ganz Ausgefallenes, Extravagantes sein. So erhielt Fabergé 1885 von Zar *Alexander III.* höchstpersönlich den Auftrag, ein Überraschungsei für die

Zarin anzufertigen. Das kostbarste Material war dafür gerade gut genug. Er konnte aus dem Vollen schöpfen und sein Genie unter Beweis stellen. Das Ergebnis: ein aufklappbares Ei mit opaker, weiß emaillierter Schale, auch von der Größe her einem echten Hühnerei nachempfunden. Im Inneren ein goldener Dotter, in dem eine anmutige goldene Henne mit Rubinaugen und einer Miniatur der Zarenkrone auf dem zierlichen Köpfchen zwei Rubineier ausbrütet.

Die Zarin, eine geborene Prinzessin von Dänemark, soll über dieses Osterei so entzückt gewesen sein, dass der Zar ihr von nun an Jahr für Jahr ein weiteres Prunk-Ei aus dem Atelier von Carl Fabergé zum Geschenk machte. Diese Tradition setzte sein Nachfolger Zar *Nikolaus II.* fort. Auch beim europäischen Hochadel, mit dem der Zarenhof vielfach verwandtschaftlich verbunden war, galt der Meister als der neue Star unter den Juwelieren. Fabergé war ein gemachter Mann.

EINE GRAND TOUR ZUM LERNEN DURCH EUROPA
Als Nachfahre hugenottischer Einwanderer aus der französischen Picardie, die über Deutschland nach Russland gekommen waren, wird Peter Carl Fabergé 1846 in St. Petersburg geboren. Sein Vater *Gustav Fabergé*, ein Goldschmiedemeister, hatte sich 1841 in der aufstrebenden Metropole selbstständig gemacht und 1842 eine Werkstatt im Zentrum der Stadt, in der *Bolschaja Morskaja 12* (▸ D 5), eröffnet. Hier wurden Schmuckstücke im Stil jener Jahre angefertigt, üppig, etwas überladen, pompös. Er hatte *Charlotte Jungstedt*, die Tochter eines dänischen Malers, geheiratet.

Der erste Sohn, Carl Gustavowitsch, wird auf die renommierte St.-Annen-Schule geschickt, eine deutsche protestantische Schule, auf der Latein, Deutsch, Französisch und Englisch unterrichtet wird. Nach Carls Schulabschluss zieht es die Familie wieder nach Deutschland. Gustav Fabergé lässt seine Petersburger Werkstatt

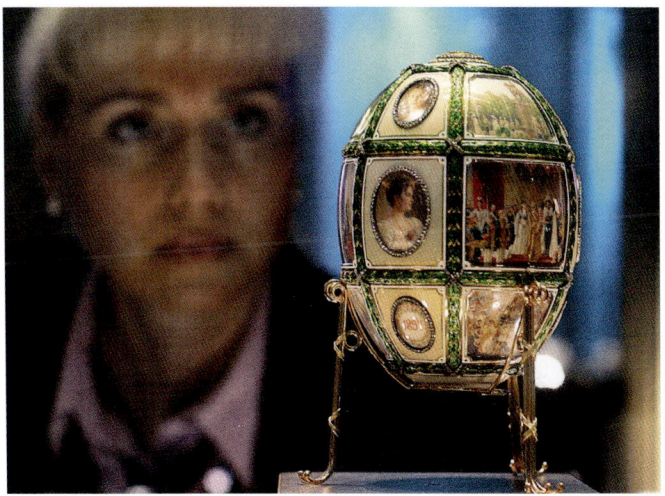

*Das Fabergé-Ei zum 15. Thronjubiläum von Zar Nikolaus II.
Es entstand 1911 und zeigt die Familie des Monarchen.*

in der Obhut der Miteigentümer. Carl erlernt wie sein Vater das Goldschmiedehandwerk und absolviert in Dresden einen Kurs an der Handelsschule. Wie einst Peter der Große macht er sich auf die »Grand Tour« durch europäische Metropolen, um Neues zu lernen und seine Ausbildung als Kunsthandwerker zu verfeinern. In Florenz arbeitet er in einer Steinschneidewerkstatt. Diese Erfahrungen inspirieren ihn später zu seinen kuriosen, kleinen Tierplastiken aus Stein. In Paris setzt er sich mit den Techniken des Emaillierens auseinander, und seine Kenntnisse auf diesem Gebiet werden zum bestgehüteten Familiengeheimnis bei der späteren Produktion der Fabergé-Eier.

Als Carl Fabergé 1870 voller neuer Ideen und Inspirationen nach St. Petersburg zurückkehrt, heiratet er *Augusta Jakobs*, die Tochter eines angesehenen Handwerkers am Zarenhof. Er übernimmt im selben Jahr die väterliche Werkstatt und verwandelt sie

Die Fabergé-Geschäftsräume im Fabergé-Haus. Carl übernahm das Unternehmen im Alter von 26 Jahren von seinem Vater.

in ein Großunternehmen mit zeitweise bis zu 700 Angestellten. Die neuen Schmuckarbeiten zeigen die für ihn typische Handschrift: Es sind »objets de fantaisie« – eine Kombination von Tradition und Moderne –, elegante Schmuckgegenstände, aber auch erlesene Artikel für den täglichen Gebrauch wie Spiegel, Bilderrahmen, Gürtelschnallen, Fächer, Bonbonnieren, Schmuckkästchen, Parfümflakons. Berühmt und oft kopiert werden vor allem seine Zigarettenetuis. Carl hat noch einen jüngeren Bruder, der ebenso begabt ist. *Agathon* ist vor allem an technischer Vollkommenheit der Objekte gelegen, allerdings stirbt er völlig unerwartet 1895 an einer geheimnisvollen Krankheit.

Als Kopisten des sagenumwobenen Goldes der Skythen in der *Eremitage* 8 (▸ D 3) haben beide Brüder erneut ihre Begabungen und ihr fachliches Können unter Beweis gestellt, Originale und Kopien können bis heute in der *Eremitage* bewundert werden.

Carl Fabergé erhält den St.-Annen-Orden dritter Klasse und den begehrten Titel »Kaiserlicher Hofgoldschmied«, 1890 wird er zum Schätzer des kaiserlichen Kabinetts ernannt. Fortan hat er einen weiteren Arbeitsplatz in der *Eremitage*, wo er all die Schätze kalkuliert, die die Romanow-Dynastie angehäuft hat.

Zur Zeit der Krönung von Zar Nikolaus II. im Jahr 1896 ist Fabergé in Russland eine Institution. Die Nischni Nowgoroder Kaufmannsgilde, reich geworden durch den Handel mit Erzen, gibt bei ihm ein Blumengeschenk für die Zarin in Auftrag; in Russland mit seinen langen Wintern wurden Blumen als Frühlingsboten besonders geschätzt. Über das Maiglöckchenbouquet mit Blüten aus Diamanten und Perlen in einem Korb aus geflochtenem Gold soll die deutschstämmige Zarin außerordentlich entzückt gewesen sein, wie auch über Fabergés Meisterwerk, das »Krönungs-Ei«, das kostbarste von allen. Wenn man das mit dem Doppeladler verzierte Goldgehäuse öffnet, findet man in seinem Inneren eine Miniatur der goldenen Kutsche, mit der die Zarenfamilie 1896 durch Moskau zu den Krönungsfeierlichkeiten im Kreml gefahren ist.

Der internationale Durchbruch erfolgt auf der Weltausstellung in Paris 1900. Auf ausdrücklichen Wunsch der Zarenfamilie werden einige kaiserliche Ostereier »hors de concours« präsentiert. Das Pariser Publikum ist von den Arbeiten hingerissen, und die Pariser Goldschmiedegilde verleiht ihm, dem französischstämmigen Carl, den Titel eines »Maître«. In Fachkreisen heißt es: *»Dieses Werk erreicht die Grenzen der Vollkommenheit. Es bedeutet die Verwandlung eines Juwels in ein wirkliches objet d'art.«*

Jetzt sind Fabergés Erfolg Tor und Tür geöffnet. Das Petersburg der Jahrhundertwende erlebt eine ungeahnte Wirtschaftsblüte, die kommerziellen Erfolge der Stahl- und Eisenerzeugung machen Industrielle und Eisenbahnmagnaten fast über Nacht märchenhaft reich. Nach der Pariser Weltausstellung ist der Name Fabergé im In- und Ausland bekannt. Von einer Reise nach Siam auf Einladung des thailändischen Königshofs kommt er mit einer stattlichen Zahl weiterer Aufträge zurück. Die gute Auftragslage erlaubt ihm, Filialen in Moskau und London zu eröffnen.

Und wieder vergrößert er seine Werkstätten in St. Petersburg und kauft ein *Wohnhaus* in der *Bolschaja Morskaja Nr. 24* 9 (▸ D 5), das noch heute existiert. Hier befinden sich jetzt auch seine erlesen eingerichtete Wohnung und sein Kontor. Für dieses neue Haus kann er spielend eine halbe Million Rubel aufwenden, hat er doch allein an dem Perlenhalsband, das Nikolaus II. seiner Gattin als Geschenk um den Hals legte, eine Viertel Million verdient. Seinen Ruhm verdankt er aber auch seinem außerordentlichen Geschäftssinn, sein Besuch der Höheren Handelsschule in Dresden während seiner Jugend macht sich nun bezahlt.

NACH DEM GIPFEL KOMMT DER ABSTURZ

Worin aber liegt das Geheimnis seiner Schöpfungen? Er nimmt die neuesten Impulse seiner Zeit auf und führt souverän und elegant die krassesten Gegensätze zusammen, ob nun Klassizismus, Neogotik, Neobarock oder Jugendstil. Das Ergebnis: der unnachahmliche »Style Fabergé«.

In einem Verkaufskatalog schreibt er um die Jahrhundertwende: »*Die Produkte unserer Firma werden häufig entsprechend den bizarren Modeanforderungen modernisiert; täglich bieten wir neue Objekte zum Verkauf … Wir versuchen immer wieder, eine große Anzahl neuerfundener Artikel darzubieten. Alte, aus der Mode gekommene Artikel sind nicht mehr im Sortiment.*« 1913 wird das 300-jährige Bestehen der Romanow-Dynastie feierlich begangen, die Auftragsbücher der Firma sind mit Nachfragen für zahllose Geschenke des Zarenhofs gefüllt.

Der Erste Weltkrieg setzt dem rasanten Aufstieg der Schmuckwerkstätten ein jähes Ende: Betuchte Auftraggeber und Kunden aus dem In- und Ausland verarmen zusehends, die Firma sieht sich gezwungen, auf Kriegsgerät umzustellen, und fertigt auch Granaten an.

Nach der Oktoberrevolution wird das Unternehmen enteignet, es soll damals an die drei Millionen Rubel wert gewesen sein. Die Überführung der Firma in eine halbstaatliche Genossenschaft unter Beteiligung von Familienmitgliedern und ehemaligen Angestellten bleibt erfolglos. Die Fabergé-Eier und andere Preziosen werden in den Kreml gebracht und in sowjetisches Staatseigentum überführt. Schon unter Lenin werden Schätze aus dem Besitz der Zarenfamilie und des Hochadels weit unter ihrem Wert ins Ausland verscherbelt. Resigniert emigrieren Carl und seine Frau über Riga, Berlin und Wiesbaden nach Lausanne und lassen sich dort im Hotel Bellevue nieder. Er stirbt 1920, seine Frau 1925. Ihr gemeinsames Grab kann man auf dem Cimetière du Grand Jas in Cannes finden.

Heute bemühen sich zwei russische Oligarchen um die Rechte an Fabergés Namen und um eine Rückführung der in aller Welt verstreuten, kostbaren Schmuckeier in ihre russische Heimat.

EREMITAGE 8 ▸ *D 3*
Dworzowaja Nab. 32–36, Zentrum
www.hermitage.ru
▸ Metro: Newski Pr.

FABERGÉ-HAUS 9 ▸ *D 5*
Bolschaja Morskaja Ul. 24, Zentrum
▸ Metro: Newski Pr.

NIKOLAUS II.

1868–1918

Der letzte Zar von Russland war kompromisslos und lebte losgelöst von allen gesellschaftlichen Schichten. Sein striktes Festhalten an alten Traditionen endete tragisch für ihn und seine Familie.

Kurz vor seiner Verlobung mit der Prinzessin *Alix von Hessen-Darmstadt* notierte der künftige russische Zar Nikolaus II.: *»Meiner Meinung nach muss man vor allen Dingen konservativ sein und möglichst lange die alten Traditionen und Einrichtungen behalten.«* Diese Einstellung sollte bestimmend werden für seine Herrschaft und kostete ihn und seine Familie letztendlich Thron und Leben.

Dabei hatte alles hoffnungsvoll begonnen, geboren als erstes Kind von *Alexander III.* und seiner Frau *Marija Fjodorowna*, einer dänischen Prinzessin, in *Zarskoje Selo*. Das »Zarendorf« im Süden von St. Petersburg liebte er sehr. Den *Alexanderpalast* machte er später zum Hauptdomizil seiner Familie. Damit demonstrierte er Distanz zur politischen Realität und zum Leben der russischen Bevölkerung.

Schon früh zeigte sich bei »Niki«, wie er zärtlich genannt wurde, eine Schwäche. Ein Lehrer notierte: *»Nie setzt er mir Widerstand entgegen. Diese Ausgeglichenheit, dieser spontane Gehorsam sind*

*Zar Nikolaus II. in Uniform mit dem St.-Wladimir-Kreuz.
Ein Porträtgemälde in Öl, entstanden um 1900.*

einfach erstaunlich.« Er war ein Zauderer, furchtsam und zerstreut, höflich und initiativlos – das Ergebnis einer traumatischen Erfahrung: das Attentat auf Zar *Alexander II.* Am 1. März 1881 kam der Zwölfjährige vom Eislaufen auf der Newa zurück in den *Winterpalast*, Teil der heutigen *Eremitage* 8 *(▸ D 3)*, die Schlittschuhe hatte er noch bei sich. Man brachte ihn zum verblutenden Großvater. Dieses Erlebnis hat den Zarewitsch ein Leben lang verfolgt. Als er

*Der Winterpalast, früher Zarensitz, heute Teil der Eremitage.
Im Januar 1905 erschossen hier Soldaten Hunderte von Arbeitern.*

seinen Militärdienst beim Preobraschenski-Garderegiment absolvierte, erlebte er seine erste Liebe. Die junge Ballerina *Matilda Kschessinskaja* saß bei der Abschlussvorstellung der *Waganowa-Ballettakademie* 31 *(▸ G 6)* neben ihm. Verlegen sagte er: *»Ich bin sicher, dass man bei Ihnen zu Haus nicht aus so billigen Gläsern trinkt.«* Die Tänzerin verliebte sich sofort in ihn.

Einige Zeit sah man sich bei Hofe diese Liaison an, doch dann schickte der Zar seinen Sohn auf Auslandsreise in den Fernen Osten. Das hinderte die Liebenden aber überhaupt nicht, sich nach seiner Rückkehr weiterhin zu treffen. Also schickte man den Zarewitsch auf Brautschau. Seine Wahl fiel auf Prinzessin Alix von Hessen-Darmstadt, die ihm schon bei einem ersten jugendlichen Zusammentreffen 1884 gut gefallen hatte. Königin Victoria von England, bei der sie aufwuchs, war ihre Großmutter. Ihr größter Mangel: Sie wusste nichts über Russland und misstraute den Russen. Im Oktober des Jahres 1894 starb Alexander III. Nikolaus war 26 Jahre alt und fühlte sich nicht vorbereitet, das große Reich zu regieren. Einem Cousin vertraute er an: »*Ich verstehe nichts von Staatsgeschäften. Ich weiß nicht einmal, wie man mit Ministern redet. Ich wollte nie Zar werden.*«

Nach der Thronübernahme 1896 schrieb der Schriftsteller *Leo Tolstoi* einen Brief an den Zaren, in dem er den moralischen Verfall beklagte: »*Zur Charakteristik des allgemeinen Zustandes des Volkes: ausgemergelte Kinder, degenerierte Volksstämme, Menschen und Tiere in gemeinsamen Wohnräumen, ununterbrochene, abstumpfende Arbeit, Unterwürfigkeit, Mutlosigkeit. Und auf der anderen Seite die Minister und Gouverneure: nichts als Eigennutz, Ehrgeiz, Prunksucht, Streben nach Einfluss und Macht.*«

DAS RIESENREICH KOLLABIERT

Nikolaus II. war der mächtigste Mann der Welt. Herrscher über 170 Millionen Menschen und über ein Imperium, das von der Ostsee bis zum Pazifik reichte. Doch das Dilemma seines Landes verstand er nicht. Innenpolitisch setzte Nikolaus konsequent die konservative Politik seines Vaters fort. Der industrielle Aufschwung war atemberaubend, aber Russland war ein Land der extremen Gegensätze. Während Künste, Wissenschaft und Industrie florierten, steckte das Land politisch in der Vergangenheit, im Absolutismus. Adel und Bürgertum feierten rauschende Feste. Weit weg vom Millionenheer der in Armut lebenden Industrieproletarier.

Industrialisierung, neuer Reichtum und wirtschaftliche Not verursachten Spannungen im Riesenreich. Die Arbeiter verlangten höhere Löhne und bessere Lebensbedingungen, die Bauern eine Landreform. In Russland gab es weder ein Parlament noch eine Verfassung. Über 80 Prozent der Bevölkerung lebten auf dem Land: in Armut und Dreck.

Im Januar 1905 begannen in St. Petersburg die Metallarbeiter zu streiken. Die friedliche Arbeiterdemonstration mit mehr als 100 000 Teilnehmern zog mit einer Petition für den Zaren vor das *Winterpalais*: »*Wir, die Arbeiter der Stadt Petersburg, unsere Frauen, Kinder und hilflosen greisen Eltern, sind zu Dir, Herrscher, gekommen, Wahrheit und Schutz zu suchen.*«

Die Massen waren unterwegs mit religiösen Liedern auf den Lippen. Da wurde der Schießbefehl gegeben. Sie starben wie die Fliegen im Kugelhagel der Soldaten und Polizisten. Als »Petersburger Blutsonntag« ging der 9. Januar in die Geschichte ein. Der Zar wartete in *Zarskoje Selo* die Berichte ab. Jener Tag, der die erste russische Revolution auslöste, war Nikolaus gerade einmal einige Zeilen wert: »*9. Januar. Sonntag. Ein schwerer Tag. Infolge des Wunsches der Arbeiter, zum Winterpalais zu ziehen, kam es in Petersburg zu ernsten Unruhen. Die Truppen waren in verschiedenen Stadtteilen gezwungen, zu schießen, es gab viele Tote und Verwundete. Ach Gott, wie schmerzlich und schwer ist es! Mama kam von der Stadt direkt zur Frühmesse. Wir lunchten mit allen. Ich ging mit Mischa spazieren. Mama blieb bei uns über Nacht.*«

Immer wieder fällt bei allem Bedauern des Vorgefallenen die seltsame Abgeklärtheit des Tagebuchautors Nikolaus II. auf, dessen Tagesordnung kaum durcheinandergerät. Draußen explodiert die Welt – in *Zarskoje Selo* geht man spazieren. Ohne den Blutsonntag von 1905 sind die Ereignisse von 1917 nicht denkbar. 1905 war in vielerlei Hinsicht ein Schlüsseljahr für das Reich des letzten Zaren. So vermerkte Nikolaus II. am 1. November in seinem Tagebuch: »*Ich habe die Bekanntschaft eines Gottesmannes Grigori aus dem Tobolsker Gouvernement gemacht.*«

Gemeint war jener *Grigori Rasputin*, der in den folgenden Jahren einen höchst verhängnisvollen Einfluss auf die Zarin und den Zaren gewann und ebenfalls seinen Anteil am Untergang

Die Peter-und-Paul-Kathedrale. Hier fand 1998 die 1918 in Jekaterinburg ermordete Zarenfamilie um Nikolaus II. ihre letzte Ruhe.

der Romanow-Dynastie hatte. Doch ein paar Jahre herrschte in Petersburg noch Ruhe. Friedhofsruhe.

2. August 1914. Einen Tag nach der deutschen Kriegserklärung an Russland notierte der Zar in seinem Tagebuch: *»Ein guter Tag, insbesondere im Sinne einer Besserung der Stimmung … Um 2 ¼ Uhr begaben wir uns auf die ›Alexandria‹ nach Petersburg und auf einem Motorboot direkt zum Winterpalast. Ich unterschrieb das Manifest über die Kriegserklärung … Wir gingen auf den Balkon und wurden von einer riesigen Menschenmenge begrüßt. Gegen 6 Uhr gingen wir an den Kai und bestiegen das Motorboot; eine große Menge Offiziere und Publikum begleitete uns. Um 7 ¼ kehrten wir nach Peterhof zurück. Der Abend verlief ruhig.«*

Nikolaus und Alexandra standen auf dem Balkon den Volksmassen gegenüber, die an diesem Tag nicht Fahnen und Spruchbänder, sondern Ikonen und Zarenporträts hochhielten. Sie fielen auf die Knie und huldigten ihrem Herrscher. Für einen kurzen Moment in der Geschichte verband der gemeinsame Feind noch einmal Zar und Untertanen. Der Feind hieß Deutschland. Jenes Land, aus dem die Zarin und fast alle Verwandten stammten. Der Krieg wurde zum Katalysator der Unzufriedenheit. Und die Autokratie befand sich auf einem erzwungenen Rückzug.

Als es mit dem Krieg nicht mehr gut stand, waren Nikolaus und Alexandra längst auf der Flucht vor der Realität: Der Zar las im Hauptquartier Kitschromane, bei denen ihm die Tränen kamen; seine Frau führte die Regierungsgeschäfte. Mit dabei als engster Berater: Rasputin. *»Ich leide um Dich wie um ein zartes, weichherziges Kind, das Führung braucht, aber auf schlechte Ratgeber hört, während ein Mann Gottes ihm sagt, was es tun soll …«*, schrieb die Zarin an Nikolaus.

Eine erste Revolutionswelle überrollte Petersburg, das seit Ausbruch des Kriegs Petrograd hieß. Der Zar telegrafierte, man solle die Unruhe sofort beenden, er verstand nicht, was vor sich ging. Die Revolution war nicht mehr aufzuhalten. Die Bolschewiki ergriffen unter Führung Lenins die Macht. Der künftige Zar und der künftige Revolutionsführer befanden sich in diesen Jahren immer wieder gleichzeitig in der Hauptstadt St. Petersburg. Lenin und Nikolaus II. entstammten derselben Generation, doch ihre Leben hätten kaum unterschiedlicher verlaufen können.

BARBARISCHE MORDE IM KELLER

In seiner Regierungszeit von 1894 bis 1917 war der Zar der falsche Mann am falschen Ort, unfähig, die Folgen seines Handelns und den Wandel seiner Zeit zu verstehen. Selbst im Krisenjahr 1917 blieb der letzte Romanow-Herrscher blind gegenüber den Realitäten. »Majestät«, flüsterte ihm der englische Botschafter zu, »Ihr müsst unbedingt das Vertrauen der Volksmassen zurückgewinnen.« Die Antwort: *»Es ist nicht an mir, das Vertrauen meines Volkes zu verdienen, sondern an ihm, mein Vertrauen zu verdienen.«*

Am 2. März 1917 unterzeichnete der Zar das Abdankungsmanifest. Danach fuhr er nach *Zarskoje Selo* zu seiner inzwischen gefangen genommenen Familie. Damit gingen mehr als 300 Jahre Herrschaft der Romanows zu Ende.

Im August werden Nikolaus II. und seine Familie nach Jekaterinburg gebracht. Am 16. Juli 1918 findet in einem Kellerraum ein erbarmungsloser Mord statt. Die sterblichen Überreste der Zarenfamilie wurden erst 1991 entdeckt und 1998 in der Familiengruft der Romanows in der *Kathedrale* der *Peter-und-Paul-Festung* 23 *(▸ D 1)* in St. Petersburg beigesetzt. Der damalige Präsident Boris Jelzin verneigte sich vor der Zarenfamilie. *»Wir haben das fürchterliche Verbrechen lange Jahre verschwiegen«*, bekannte er, *»aber die Wahrheit muss gesagt werden: Das Blutbad von Jekaterinburg war eine der schändlichsten Seiten in unserer Geschichte.«*

Nikolaus II. war der 18. Zar aus der Familie der Romanows und – der letzte.

ALEXANDERPALAST
Sadowaja Ul. 7, Puschkin (Zarskoje Selo)
www.tzar.ru
▸ Elektritschka: Detskoje Selo
25 km südlich von St. Petersburg

EREMITAGE 8 ▸ *D 3*
Dworzowaja Nab. 32–36 Pl., Zentrum
www.hermitagemuseum.org
▸ Metro: Newski Pr.

PETER-UND-PAUL-FESTUNG 23 ▸ *D 1*
Troizkaja Pl., Petrograder Seite
www.spbmuseum.ru
▸ Metro: Gorkowskaja

GRIGORI RASPUTIN

1869–1916

Wundermönch oder Scharlatan, Heiler oder Erotomane? Ein Bauer aus Sibirien wird der engste Berater der Zarenfamilie. Um ihn ranken sich die schaurigsten Mythen von St. Petersburg.

Es stand nicht gut um das Zarenreich, als drei vergiftete Schokoladentörtchen und drei Stücke Mandelkuchen das russische Imperium vor dem Untergang retten sollten, doch davon später. Zar *Nikolaus II.* schrieb in sein Tagebuch, dass Petersburg die Wurzel allen Übels in Russland sei. Ein Zeitgenosse berichtete von gefrorenen Pferdekadavern auf dem Newski Prospekt *(▸ D 4–K 6)*, deren hochgestreckte Beine mühsam den immer tiefer herabsinkenden Petersburger Himmel stützten. Wladimir Nabokow senior, Vater des Schriftstellers Vladimir Nabokov, notierte im Exil: *»Wer in den Wintern 1915/16 und 1916/17 in Petersburg gelebt hat, kann sich gut daran erinnern, wie sich das Bewusstsein einer unausweichlichen Katastrophe von Tag zu Tag steigerte. Hinter den Kulissen trieben Rasputin und andere finstere Gestalten ihr Unwesen.«*

Schon Jahre zuvor hatte Dostojewski prophezeit, dass es einem einfachen »Muschik«, einem Bauern aus dem Volke, gelingen werde, bis an den Zarenthron vorzudringen und das Gehör des Zaren

Grigori Jefimowitsch Rasputin, der unheimliche Wundermönch und Zareneinflüsterer, auf einem Foto von ca. 1905.

zu finden. Nun fand er nicht direkt das Gehör des Zaren, sondern vor allem das der Zarin, aber das machte kaum einen Unterschied.

1869 am Rande des Ural geboren, galt Rasputin in seinem sibirischen Dorf als Taugenichts, der klaute und trank. Mit 17 Jahren wandte er sich dem Glauben zu und wanderte in einer 15-jährigen Pilgerzeit von Kloster zu Kloster. Über keinen anderen kaum des Lesens mächtigen Bauern ist mehr geschrieben worden als

Das Grand Hotel Europe von innen. Rasputin liebte den Luxus des Hauses und ließ sich hier gern mit Kaviar verköstigen.

über diesen sogenannten Heiligen Grigori Jefimowitsch Rasputin. 1903 machte er sich nach St. Petersburg auf, und schnell wurde bekannt, dass er Blut »verzaubern« und das Bluten von Wunden stoppen konnte. Schnell sprachen sich seine außergewöhnlichen Fähigkeiten herum, zu denen auch der Blick in die Zukunft gehörte. Eine wachsende Anhängerschar hing gebannt an den Lippen der ungehobelten Gestalt mit den rollenden Augen, dem verwitterten Gesicht, mit strähnigem Bart und schwarzen Zähnen. Wenn er sprach, schien jedes seiner Worte das Gewicht des Göttlichen zu haben.

Rasputin etablierte sich schnell in den Salons der Petersburger Gesellschaft und wurde zum Darling der einflussreichen Damen, die Wunderdinge von ihm erwarteten. Aber auch wichtige Persönlichkeiten aus Gesellschaft und Politik gehörten bald zu seinen Anhängern. Sein Ruf drang bis zum Zarenhof durch. 1906 wurde er zum ersten Mal von *Nikolaus II.* empfangen. Der Sohn des Zarewitsch, Alexej, war Bluter, die Ärzte hatten die Hoffnung, ihn zu heilen, längst aufgegeben. Erst Rasputin schaffte es, die Blutungen des Prinzen zu stillen. Damit wurde er für Zarin *Alexandra* unentbehrlich. Sie war überzeugt, dass Gott ihr diesen Heiligen geschickt habe, um ihren Sohn zu beschützen.

»Ra-ra-rasputin – lover of the russian queen« sang in den 1970er-Jahren die Popgruppe Boney M. in einem populären Hit. Ob nun Geliebter oder Ratgeber, fest steht, dass die Zarenfamilie und den Bauer Rasputin eine außergewöhnliche Nähe verband. Herrschaft und Volk waren sich im vorrevolutionären Russland noch nie so nah. Der engste Berater des letzten Zaren kannte kein Maß und liebte Prasserei in jeder Form. Die Damen bei Hofe standen vor seiner Tür Schlange und buhlten um seine Gunst. Nicht nur der körperlichen Lust, sondern auch kulinarischen Gelüsten war der Unersättliche zugetan. In der Kaviarbar des *Grand Hotel Europe* 10 (▸ F 5) fand der nach Luxus süchtige Rasputin ein Etablissement ganz nach seinem Geschmack.

»Es lag etwas Herausforderndes in ihm. Seine Gestalt war von mittlerem Wuchs und untersetzt, er hatte einen recht schmächtigen Körper, an dem sehr lange Arme herabhingen. Der große Kopf war mit wirrem und stark zerzaustem Haar bedeckt«, notierte Fürst *Felix Jussupow*, einer der späteren Mörder von Rasputin.

EIN MORD WIRD VORBEREITET

Als 1914 der Krieg ausbrach, geriet das Zarenreich in eine Dauerkrise. Im Dezember 1916 war die Lage Russlands katastrophal, der Krieg gegen Deutschland drohte verloren zu gehen. Zar Nikolaus hielt sich an der Front auf, während Rasputin in St. Petersburg die Stellung hielt – bei der Zarin. Geschickt nutzte er diese Situation und hatte bald mehr Einfluss am Hofe als sämtliche Minister und

Militärs zusammen. Zum Ärger vieler Adliger, die ihn für das Drama des Niedergangs verantwortlich machten. Manchen galt der undurchsichtige Rasputin im Ersten Weltkrieg als deutscher Spion. Zu seinen Widersachern gehörte vor allem Fürst Jussupow, ein verwöhnter junger Adelsspross mit homosexuellen Neigungen. Er sah in »dem Heiligen« nur einen »schmutzigen Abenteurer«. *»Keine einzige wichtige Maßnahme an der Front wurde endgültig beschlossen, ohne dass nicht vorher die Stimme des Wundermönchs angehört wurde«*, klagte Jussupow über die Folgen für die russische Kriegsführung.

Gemeinsam mit vier weiteren Verschwörern schmiedete Jussupow Mordpläne. Ursprünglich wollten sie Rasputin in seiner Wohnung niederschießen, aber das erschien zu riskant. Rasputin lebte in der *Uliza Gorochowaja*, zweiter Stock rechts. In seinem Buch »Rasputins Ende«, das er später im Pariser Exil verfasste, beschreibt Jussupow, wie er sich über den Dienstboteneingang Zugang zur Wohnung des Mönchs verschaffte: *»Vor dem Hause Gorochowaja Nr. 64 machten wir halt. Als ich in den Hof trat, wurde ich sofort durch die Stimme des Portiers am Weitergehen verhindert. Diese Stimme fragte mich, zu wem ich wolle. Ich erklärte dem Portier, dass ich mich zu Grigorij Jefimowitsch begäbe; er wollte mich aber zuerst nicht passieren lassen und verlangte durchaus, dass ich meinen Namen nennen solle und ihm den Grund für meinen Besuch in so später Stunde angebe. Darauf erwiderte ich ihm, dass mich Grigorij Jefimowitsch selber aufgefordert hätte, ihn um diese Zeit zu besuchen. Außerdem habe er mir noch empfohlen, die Hintertreppe zu benutzen. Der Portier maß mich zwar mit misstrauischen Blicken, ließ mich aber schließlich doch durch.«*

Einer seiner Mörder, der Abgeordnete *Wladimir Purischkewitsch*, schrieb in sein Tagebuch: *»Das Schicksal hat es gewollt, dass ich den Zaren und Russland von Rasputin erlöst habe«* und

Der Tatort: Hier ermordeten die Verschwörer um Felix Jussopow den Mönch Rasputin. Mit Wachspuppen wird das Geschehen nachgestellt.

sprach damit vermutlich aus, was alle fünf Verschwörer gefühlt haben. Es war ihnen gelungen, Rasputin ins *Palais der Jussupows* 12 (▸ B 6) zu locken. Der schöne Felix hatte ihn damit geködert, dass er ihm seine Frau Irina vorstellen wollte, eine Nichte Nikolaus II. Immer auf weibliche Bekanntschaften erpicht, folgte der unheimliche Mönch ihm gern.

Im sorgfältig hergerichteten Kellergewölbe des *Palasts* verwöhnten die Männer Rasputin mit Madeira-Wein, seinem Lieblingsgetränk, und mit Gift präparierten Törtchen: *»Merkwürdigerweise reichte ich ihm zunächst die nicht vergifteten Kuchen hin. Erst später nahm ich den Teller mit den vergifteten Törtchen und bot sie ihm an. Im ersten Augenblick wies er sie zurück. … Endlich nahm er doch ein Stück davon, dann wieder eins … Ohne meinen Blick von ihm zu wenden, beobachtete ich, wie er die Kuchen nahm und einen nach dem anderen verschlang. Die Wirkung des Zyanka-*

lis musste unmittelbar erfolgen, zu meiner größten Verwunderung jedoch setzte Rasputin sein Gespräch mit mir ruhig fort, als ob nichts geschehen wäre.«

Das Gift verfehlte seine Wirkung. Es wurde beschlossen, dass Jussupow hinuntergehen und Rasputin erschießen sollte. *»Sein Kopf hing tief herab, er atmete schwer … Ich feuerte den Schuss ab. Rasputin brüllte mit einer fürchterlichen, tierischen Stimme auf und fiel mit seinem ganzen Körper dumpf auf das Bärenfell nieder. Wir untersuchten die Wunde; die Kugel hatte die Herzgegend durch beide Wände durchbohrt. Es blieb gar kein Zweifel übrig: Er war tot.«*

Nach einer Weile kehrte der Mörder in den Keller zurück, beugte sich über den vermeintlich Toten, und man glaubt es nicht, aber Jussupows Fantasie schien beim Schreiben seines letzten großen Abenteuers in Russland mit ihm durchzugehen.

VERGIFTET, ERSCHOSSEN, ERTRÄNKT

»Auf einmal durchbohrten mich beide Augen …, die jetzt grünlich schimmerten, schlangenartig, und einen Ausdruck voll teuflischer Bosheit hatten … Durch eine ungestüme, heftige Bewegung schwang sich Rasputin plötzlich auf die Beine; auf seinen Lippen zeigte sich Schaum. Das Zimmer füllte sich mit tierischem Gebrüll an … Mir schien es, als sei der Teufel selber in diesen Bauern gefahren, der mich jetzt mit seinen krallenartigen Fingern umfangen hielt und nicht mehr loslassen wollte.« Angeblich gelang es Rasputin sogar zu fliehen. Erst auf dem Hof sei er durch weitere Schüsse endgültig niedergestreckt worden und in den Schnee gesunken. Vorsorglich warfen die Männer den tödlich verletzten Mann in ein Eisloch in der Kleinen Newa *(▸ A/B 2)*. Dort ertrank er.

Kaum hatten die Zeitungen den Tod Rasputins verkündet, brach in der Stadt Jubel los. Für Zarin Alexandra hingegen brach eine Welt zusammen. Rasputin hatte angekündigt, dass sein Tod das Ende der 300-jährigen Romanow-Dynastie einleiten werde. Die Prophezeiung erfüllte sich: Der Monarchie verblieben gerade mal noch zwei Monate. Die Strafverfolgung gegen die Verantwortlichen wurde eingestellt. Felix Jussupow emigrierte nach Paris, wo das Buch über die Ermordung Rasputins entstand.

Der Reichtum der Jussupows war unbeschreiblich. Dem einflussreichen Adelsgeschlecht gehörten ganze Städte, aber auch Bodenschätze am Kaspischen Meer. Ihre Paläste standen in den 30er-Jahren des 19. Jahrhunderts im Hinblick auf Prunk und Luxus dem Zarenhof in nichts nach. Die besten Inneneinrichter aus Frankreich und Italien statteten das gelb-weiße Petersburger *Stadtpalais* aus, an Samt, Seide, Brokat, an Edelhölzern und an Gemälden von Zeitgenossen wurde nicht gespart. Im Barocktheatersaal finden heute Konzerte statt.

Doch die Jussupows und ihr *Palais* wären längst vergessen, wenn nicht der Keller zu besichtigen wäre. Die letzten Stunden des Wunderheilers sind hier mit Wachsfiguren beeindruckend inszeniert. Der Mythos Rasputin lebt in diesen Mauern weiter.

GRAND HOTEL EUROPE 10 ▸ *F5*
Michailowskaja Ul. 1, Zentrum
www.grand-hotel-europe.com
▸ Metro: Newski Pr.

JUSSUPOW-PALAST 12 ▸ *B6*
Nab. Reki Moiki 94, Zentrum
www.yusupov-palace.ru
▸ Metro: Sennaja Pl.

RASPUTIN-WOHNUNG
Gorochowaja Ul. 64, Zentrum
▸ Metro: Puschkinskaja

WLADIMIR LENIN

1870–1924

Über 70 Jahre lang trug St. Petersburg den Namen des Revolutionärs. Von hier aus nahmen die radikalen Ereignisse in Russland unaufhaltsam ihren Lauf. Sie sollten die Welt grundlegend verändern.

Vor dem Finnischen Bahnhof, wo Taxis selbst in heutigen Tagen knapp sind, winkt in Überlebensgröße eine *Bronzestatue* mit ausgestrecktem Arm. Es ist Wladimir Iljitsch Lenin, der hier nach einem Wagen sucht. So deuten gewitzte Bürger des modernen St. Petersburg diese Geste. Es ist eines der letzten Denkmäler des Weltveränderers in der Stadt.

Auf diesem Bahnhof stieg Lenin am 3. April 1917 aus dem plombierten Waggon, der ihn mit 32 Gesinnungsgenossen aus dem Schweizer Exil über Deutschland und Schweden nach St. Petersburg gebracht hatte. Der deutsche Generalstab, der mit der Organisation der Reise befasst war, hatte ihm die Durchfahrt ohne Passkontrolle gestattet und auch die Reise bezahlt. Die Regierung des Deutschen Reichs erhoffte sich von Lenin die sofortige Beendigung des Kriegs. »Alle Macht den Räten!«, proklamierte er nach seiner Ankunft in Petrograd – so hieß die Hauptstadt seit Beginn des Ersten Weltkriegs. Noch am selben Abend rief er mit seinen »Aprilthesen« zur sofortigen Machtübernahme durch die Bolschewiki auf.

Die kommunistische Legende: Lenin, Parteichef der Bolschewiki und erster Regierungschef der Sowjetunion, in seiner Bibliothek.

Die Stimmung in der Stadt war revolutionär und für Lenins Thesen anfällig. Eine verknöcherte Autokratie hatte zum Kollaps der Monarchie geführt, auch der provisorischen Regierung aus bürgerlichen und sozialistischen Kräften war es nicht gelungen, dem Land demokratische Reformen zu verpassen. Adel, Militär und auch die Kirche hatten ihre Autorität verloren. Es herrschten Chaos und Anarchie. Lenin und seine Genossen hatten ein

Oktoberrevolution 1917: Rotarmisten bewachen das Smolny-Institut, den Sitz der Bolschewiki unter der Führung von Lenin.

leichtes Spiel, und Lenins Frau *Nadjeschda Krupskaja* schrieb in ihr Tagebuch: *»Am Bahnhof drängte sich das Volk um uns wie ein aufgewühltes Meer. Wer die Revolution nicht erlebt hat, kann sich ihre majestätische Schönheit nicht vorstellen.«*

Lenin, der als Wladimir Iljitsch Uljanow geboren wurde und sich erst ab dem Jahr 1900 den Decknamen Lenin gab, stammte aus Simbirsk, einem Provinzstädtchen an der Wolga, in dem auch der Schriftsteller Iwan Gontscharow geboren wurde. Dessen Romanheld Oblomow behauptet von sich: *»Zeit meines Lebens hab ich mir niemals selbst die Strümpfe übergezogen, Gott sei Dank.«* Lenin erwiderte kurz und bündig: »Meine Lebensaufgabe ist es, Oblomow zu bekämpfen.« Der berühmteste Nichtstuer der Weltliteratur war für ihn das Sinnbild des russischen Adels, der in seinen Stadtpalästen und Gütern ein Luxusleben auf Kosten seiner Leibeigenen führte und an der Willkürherrschaft der russischen Zaren wenig auszusetzen hatte. Lenin hasste diese Klasse zutiefst und wollte sie als Revolutionär endgültig vernichten. Pikanterweise hatte man 1882 seinen Vater, den Physiklehrer *Ilja Uljanow*, in den erblichen Adelsstand erhoben.

»Mein Weg ist mir durch meinen älteren Bruder vorgezeichnet worden«, soll Lenin gesagt haben. Der vier Jahre ältere *Alexander Uljanow* hatte sich der revolutionären Studentengruppe »Volkswille« angeschlossen. 1886 beteiligte er sich an der Vorbereitung für ein Attentat auf *Alexander III.*, das misslingen sollte. Kurz darauf wurde er von der zaristischen Geheimpolizei verhaftet und nach einem kurzen Geheimprozess in der Festung Schlüsselburg gehängt. Sie ist heute ein Weltkulturerbe der UNESCO, eine Gedenktafel weist auf Alexander Uljanow hin.

VERBANNUNG NACH SIBIRIEN

Die Hinrichtung seines geliebten Bruders wurde zum Wendepunkt in Lenins Leben. Von nun an verschrieb er sich ganz der Revolution und der Vernichtung der herrschenden Klasse. Er schloss sich marxistischen Kreisen an und setzte alles auf eine sozialistische Revolution in Russland.

Als Externer legte Lenin 1891 sein Juraexamen an der St. Petersburger Universität ab. Mit dem Hinweis auf seine außergewöhnlichen Leistungen erhielt er das Universitätsdiplom Ersten Grades. Der junge Revolutionär arbeitete zum Schein in einer Kanzlei, widmete er sich aber ganz und gar der Arbeit in illegalen sozialistischen Zirkeln. In der Kellerwohnung des Hauses Moika 24 (▸ E 4), in der Nähe des Newski Prospekts, edierte er Flugblätter und Aufsätze. Im selben Haus wurde nach der Oktoberrevolution die russische Tageszeitung »Prawda« herausgegeben. Mehrfach wurde er des Landes verwiesen. Die letzten drei Jahre des Jahrhunderts verbrachte er in einem Dörfchen an der

Lena in sibirischer Verbannung. Hier nahm er seinen Decknamen »Lenin« an, weiß so viel heißt wie »der vom Fluss Lena Stammende«. Seine Mitverbannten erinnerten sich an ein bäuerliches russisches Gesicht, von dem nur die Augen einen ungewöhnlichen Menschen mit einem ungewöhnlichen Geist verrieten. Seine dynamische Persönlichkeit, sein scharfer Verstand und seine eiserne Selbstdisziplin prädestinierten ihn zu einer Führungspersönlichkeit.

In den kommenden Jahren durfte er St. Petersburg nicht betreten. In seinem Exil hielt er sich in England, Deutschland und überwiegend in der Schweiz auf. 1903 wählte ihn in Brüssel ein Flügel der Sozialistischen Russischen Arbeiterpartei, die später unter dem Namen »Bolschewiki«, Mehrheitler, Geschichte schrieb, zu ihrem Führer.

1898 heiratete er die Pädagogin Nadjeschda Krupskaja, die er in der Verbannung kennengelernt hatte. Als Tochter eines adligen Offiziers und Beamten und einer Lehrerin wurde sie 1869 in St. Petersburg geboren. Lenin war kein Charmeur, antibürgerliche Promiskuität und die damals unter Revolutionären übliche »Freie Liebe« lehnte er ab. Die kursierenden Thesen zur sexuellen Befreiung der Frau hielt er für bürgerlichen Schwachsinn. Ob er seiner spröden Frau stets die Treue gehalten hat, sei dahingestellt.

Nach der Februarrevolution 1917, der Vertreibung des Zaren und der kurzen Doppelherrschaft einer bürgerlich gesinnten provisorischen Regierung mit den Sowjets, den Arbeiter- und Soldatenräten, kehrte Lenin umgehend nach Petrograd zurück. Im Handumdrehen übernahm er am 25. Oktober 1917 mit seinen Bolschewiki die Staatsmacht: In der Nacht besetzten Mitglieder des militärischen Revolutionskomitees alle strategisch wichtigen Punkte, vor allem die Brücken über die Newa. Um 21.45 Uhr gab der Panzerkreuzer »Aurora« den Startschuss für die Erstürmung

Lenin-Denkmal auf dem Leninplatz; es wurde 1926 errichtet und ist das größte seiner Art.

des *Winterpalais* 8 (▸ D 3). Da die heillos zerstrittene provisorische Regierung das Schloss Stunden zuvor verlassen hatte, trafen die Soldaten kaum auf Widerstand. Erst in Sergej Eisensteins Film »Oktober« wurden die Ereignisse zehn Jahre später verklärt. Mit 3000 freiwilligen Arbeitern aus Leningrader Fabriken und aufwendig gebauten Kulissen um den ehemaligen Zarenpalast drehte Eisenstein eine Woche lang den Sturm, der im Film dann »in zwanzig Minuten vorüberbraust«. Tatsächlich vollzog sich die Oktoberrevolution fast lautlos.

Der große Opernbass *Fjodor Schaljapin* sang im *Mariinski-Theater* 18 (▸ A 7) den »Don Carlos«, die Malergilde »Eselsgewiehere« veranstaltete einen Maskenball im Restaurant Slawjanski Basar, und Lenin fuhr mit der Straßenbahn in das Hauptquartier der Bolschewiki, dem *Smolny-Institut*, einem ehemaligen Adelspensionat. Am nächsten Morgen ließ er Flugblätter mit drei grundlegenden Inhalten in der Stadt verteilen: das Dekret über den sofortigen Frieden ohne Annexionen und Kontributionen, das Dekret über den Grund und Boden, das alle Gutsbesitzer enteignete, und das Dekret über die Errichtung eines Rats der Volkskommissare, der die Regierung bilden sollte. Im großen Sitzungssaal des *Smolny-Instituts* wurde er am 8. Januar 1918 zum

Vorsitzenden des Rates der Volkskommissare gewählt, das heißt zum Regierungschef.

John Reed, ein Journalist aus reichem amerikanischen Hause, berichtete: *»Es war genau 8 Uhr 40, als ein Ausbruch jubelnder Begeisterung den Eintritt des Präsidiums mit Lenin – dem großen Lenin – ankündigte ... Ein Volksführer eigener Art, Führer nur dank der Überlegenheit seines Intellekts, nüchtern, kompromisslos, über den Dingen stehend. Ohne Effekthascherei, aber mit der Fähigkeit, tiefe Gedanken in einfachste Worte zu kleiden und konkrete Situationen zu analysieren. Sein Scharfsinn ist verbunden mit großer Kühnheit des Denkens.«*

In diesen Tagen wohnte Lenin mit seiner Frau in einer geräumigen Fünf-Zimmer-Wohnung auf der Petrograder Seite, in einer Straße, die heute nach ihm benannt ist, der *Leninstraße 52*. Gleichzeitig bezog er eine kleine Wohnung im *Smolny-Institut*, die ihm hauptsächlich als Arbeitsraum diente. Das berühmte Gemälde des Malers *Isaak Brodski* »Lenin im Smolny« zeigt ihn in seinem provisorischen, karg eingerichteten Zimmer beim Verfassen seiner Notizen. Das Original dieses Bildes hängt heute im Kunstmuseum der Stadt Samara, die Skizzen sind im Petersburger *Brodski-Museum* 6 *(▸ F/G 4)*, einer geräumigen Wohnung am Platz der Künste, zu sehen.

LENINS MISSTRAUEN GEGEN STALIN

Isaak Brodski war damals mit Lenin gut befreundet und besuchte ihn oft im *Smolny*. Die Krupskaja hielt das berühmte Bild für besonders gelungen, weil Lenin hier einmal als einfacher, nicht überhöhter Mensch, nicht als Held dargestellt war. 1918 schon wurde der politische Schwerpunkt von den Bolschewiki nach Moskau verlegt, die Zarenhauptstadt St. Petersburg mit ihren Adelspalästen war ihnen von jeher suspekt gewesen. Unter Lenins kompromissloser Führung errichtete der Rat der Volkskommissare die »Diktatur des Proletariats«. Ob sich seine Vorstellungen mit dem wirklichen Leben in dem von Bürgerkrieg und Hungersnöten heimgesuchten Land der Sowjets deckten? Dies festzustellen blieb Lenin nur noch wenig Zeit: Nach einem ersten Schlaganfall musste er sich schon 1922 aus der aktiven Politik zurückziehen.

In seinem Testament hielt er fest: »*Genosse Stalin hat dadurch, dass er Generalsekretär der Partei geworden ist, eine unermessliche Macht in seinen Händen konzentriert, und ich bin nicht überzeugt, dass er es immer verstehen wird, von dieser Macht vorsichtig Gebrauch zu machen ... Stalin ist zu grob ... Ich schlage daher vor, ein Mittel zu finden, um Stalin aus dieser Position zu entfernen.*«

Nach neuesten Forschungsergebnissen aus Amerika soll Stalin aktiv an Lenins Tod beteiligt gewesen sein, angeblich ließ er ihn vergiften. Am 21. Januar 1924 starb Lenin mit 53 Jahren. Die Totenrede hielt Josef Stalin.

BRODSKI-MUSEUM 6 ▸ *F/G 4*
Pl. Isskustw 4, Zentrum
▶ Metro: Gostiny Dwor

LENIN-DENKMAL
Pl. Lenina, Wyborger Seite
▶ Metro: Pl. Lenina

LENIN-WOHNUNG
Ul. Lenina 52, Petrograder Seite
▶ Metro: Petrogradskaja

SMOLNY-INSTITUT
Pl. Rastrelli, Zentrum
▶ Metro: Tschernyschewskaja

SERGEJ DIAGHILEW

1872–1929

Ein junger Mann, ungelernt, aber mit viel Charme, kommt nach St. Petersburg und will nach ganz oben. Kurze Zeit später liegt ihm die Kulturszene nicht nur in Russland zu Füßen – ein Phänomen.

Manche nannten ihn einen genialen Abenteurer, andere einen großen Kunstmäzen. Er war ein russischer Europäer, war weder Tänzer noch Choreograf, weder Musiker noch Regisseur, weder Schriftsteller noch Maler, weder Manager oder Impresario – und doch war er von all dem etwas. Berühmt gemacht haben ihn die »Ballets Russes«. Mehr als 60 Werke brachte Sergej Diaghilew mit ihnen in 20 Jahren auf die Bühne. Seine geniale Leistung war, die progressivsten Vertreter der Kulturszene zu einem neuen Ganzen zusammenzuführen: Tänzer, Choreografen, Maler, Komponisten, Schriftsteller.

Geboren wurde Sergej Diaghilew im Gouvernement Nowgorod, die frühen Kinderjahre verbrachte er in St. Petersburg. Die Stadt beeindruckte ihn mit ihren Sehenswürdigkeiten, er liebte ihre Geräusche: das Klingeln der Straßenbahn, das Klimpern der Troikaglöckchen und Knirschen der eisernen Schlittenkufen. Sein Biograph Richard Buckle beschreibt Impressionen, wie Diaghilew sie liebte: *»Gewaltige Eisschollen trieben die Newa hinunter*

Durch und durch ein Bohemien: Sergej Diaghilew, der größte Impresario seiner Zeit, auf einem Gemälde von Leon Bakst (1906).

und spalteten sich, wenn sie auf Brückenpfeiler trafen. Im Winter kratzten die Pförtner das Eis von den Trottoirs oder sperrten sie mit Tauen ab, während sie die Dächer vom Schnee befreiten, der dann dumpf auf das Pflaster klatschte. Das Eis in den Regenrinnen knackte unheimlich, sodass die Passanten oft erschraken.«

Nach dem Tod der Mutter zog die Familie zum Großvater nach Perm. Erst zum Studium kehrte der 18-Jährige zurück und tauchte ein in die Hauptstadt des damaligen Imperiums. Befremdet erlebt er die Kluft zwischen Provinzadel und der höheren Aristokratie. Er selbst glaubte, über mehrere Ecken von Peter dem Großen abzustammen. In Perm lebte er wie ein Prinz, die Familie residierte mit fast königlichem Pomp im Stadtpalais. Doch in der Hauptstadt musste er sich die Aufmerksamkeit der Noblesse hart erarbeiten. Die höhere Aristokratie – die Wolkonskis, Apraxins, Jussupows, Dawidows und Stroganows – war um Lichtjahre von Provinzfamilien wie den Diaghilews entfernt. In diesem Dunstkreis wuchs im Petersburg jener Jahre eine Boheme heran, der sich Diaghilew bald anschließen sollte.

EIN NEULING EROBERT DIE HAUPTSTADT

»Ich mit meiner poetischen Seele bin verrückt nach Wagner und Zola, diesen unanständigen, groben Realisten«, schrieb er in einem Brief. *»Hier gibt es zu viele Versuchungen. Medea Figner singt, und vor allem gibt es die ersten Vorstellungen von ›Fürst Igor‹. Stell dir vor, wie das alles auf einen kleinen Landjungen aus Perm wirkt!«* Den »kleinen Landjungen« legte er bald ab. In Petersburg studierte er an der juristischen Fakultät der Universität und am *Konservatorium* 29 *(▸ B 7)* in der Kompositionsklasse bei *Nikolai Rimski-Korsakow*. Dort flog er nach zwei Jahren raus wegen seines »sturen« Charakters. Später hat der Komponist für Diaghilew die Oper »Der Goldene Hahn« geschrieben. In der Wohnung von Rimski-Korsakow, heute ein *Museum* 25 *(▸ G 7)*, traf sich die Petersburger Musikwelt: *Alexander Skrjabin, Sergej Rachmaninow* und *Igor Strawinsky* stellten ihre Kompositionen vor, *Fjodor Schaljapin* sang hier Romanzen.

Nach mehreren Reisen durch Westeuropa bezog Diaghilew seine erste eigene Wohnung in Petersburg am *Litejny Prospekt 45 (▸ H 4)*. Für sein leibliches und seelisches Wohl sorgte seine alte

Diaghilew probt mit seinen »Ballets Russes« Igor Strawinskys
»Der Feuervogel«. Das Stück wurde 1910 uraufgeführt.

Kinderfrau *Dunja*, die er aus Perm mitgebracht hatte. Der Maler *Leon Bakst* verewigte die beiden auf einem Gemälde, das heute im Besitz des *Russischen Museums* 26 *(▸ F 4)* ist.

1897 organisierte Diaghilew seine erste Kunstausstellung im Stieglitz-Museum, unweit seiner Wohnung: eine Schau englischer und deutscher Aquarelle. Ein Erfolg. Beflügelt schrieb er einem Jugendfreund: *»Ich bin voll von Projekten, und jedes ist grandioser als das vorige. Im Augenblick plane ich eine Zeitschrift, die unser gesamtes künstlerisches Leben erfassen soll – mit Reproduktionen von Zeichnungen und Gemälden. Ich sehe die Zukunft, kurz gesagt, durch ein Vergrößerungsglas.«*

Seit Januar 1899 galt Diaghilew als feste Größe in der russischen Kunstszene. Er gab die Zeitschrift »Mir Iskussta«, die »Welt der Kunst«, heraus. Damit beeinflusste er eine ganze Generation junger russischer Maler und Schriftsteller. Kontrovers und pro-

Im Taurischen Palais initiierte Diaghilew im Revolutionsjahr 1905 eine große Ausstellung mit Porträts des 18. Jahrhunderts.

vozierend wollte sie sein, kein Blatt vor den Mund nehmen, sich nicht von den »Großen« einschüchtern lassen. Wie Oscar Wilde forderte auch Diaghilew »L'art pour l'art« – »Kunst um der Kunst willen«. Ab 1900 unterstützte Zar *Nikolaus II.* die Zeitschrift mit jährlich 10 000 Rubeln. Diaghilew hatte die Anerkennung des Hofes gewonnen. Seine Kunstausstellungen waren stets ein großer Erfolg. Über ein Jahrzehnt war Diaghilews Petersburger Leben mit der Ballerina *Matilda Kschessinskaja* verknüpft. Die Geliebte des Zaren verfügte über glänzende Kontakte, und Diaghilew profitierte von ihrem Einfluss bei Hofe. Die Ballerina beschrieb ihn so: *»Ich mochte ihn sofort. Er hatte sehr dichtes Haar mit einer hellgrauen Strähne vorn, die ihm den Spitznamen Chinchilla eintrug.«*

Diaghilew war aufgestiegen in die Petersburger Gesellschaft. Ende 1900 bezog er eine neue Wohnung in der *Fontanka 11 (▸ G 4)*, an die sich der Maler *Mstislav Dobushinski* erinnerte: *»Diaghilews*

Heim war eine typische feine Petersburger Junggesellenwohnung. Seine Mitarbeiter pflegten sich dienstags dort zu versammeln, und nach einiger Zeit ging auch ich regelmäßig hin. Es waren immer viele Leute da, und es ging sehr turbulent zu.«

Es waren unruhige Zeiten. In einem Brief schilderte Diaghilew im Oktober 1905 die Lage in Petersburg nach der ersten Russischen Revolution: *»... jede Minute hört man Maschinengewehre. Gestern Abend bin ich den Newski entlang gelaufen, Teil einer unzähligen schwarzen Masse. Nur ein Strahl elektrischen Lichts von dem riesigen Suchscheinwerfer der Admiralität leuchtete den Newski hinunter. Die Gehsteige waren schwarz, während es in der Mitte der Straße ein blendend weißes Licht gab. Die Menschen wirkten wie Schatten, die Häuser wie Dekorationen aus Pappe.«*

Trotz aller Wirren organisierte er im selben Jahr eine Ausstellung im *Taurischen Palais*, das Katharina die Große für ihren Geliebten Potjomkin hatte bauen lassen. Diaghilew zeigte historische Porträts aus dem 18. Jahrhundert und nannte sie den *»großartigen Höhepunkt einer glanzvollen, aber leider zu Ende gehenden Ära«*. Schon damals wurde er geleitet von dem Credo, das später auch seine »Ballets Russes« vorantreiben sollte: *»Wiederholung ist der Tod und immer auf dem Kamm der neuesten Welle.«*

Sein Selbstbewusstsein wuchs, Bescheidenheit war ihm fremd: *»Erstens bin ich ein Scharlatan, wenngleich auch ein ziemlich brillanter; zweitens ein großer Charmeur; drittens habe ich vor niemandem Angst; viertens bin ich ein logischer Mann und habe wenig Skrupel, und fünftens scheint es so, als ob ich kein wirkliches Talent habe. Trotzdem glaube ich, meine wahre Berufung gefunden zu haben: ein Mäzen zu sein. Ich habe alles, was man dazu braucht, außer Geld, aber das wird kommen.«*

Das Geld kam, und der Mäzen wagte den Sprung nach Westeuropa. In Paris veranstaltete er ein Festival: eine Auswahl russischer Musikkompositionen, vorgetragen von den berühmtesten Sängern und Dirigenten. Vor allem Fjodor Schaljapin begeisterte das Publikum als Boris Godunow. *»Wir müssen sofort voranschreiten. Wir müssen alles zeigen, was wir haben, mit all den Stärken und Schwächen unserer Nationalität«*, schrieb Diaghilew begeistert und fuhr leichten Herzens nach St. Petersburg zurück. Er quartierte sich im *Grand Hotel Europe* 10 *(▸ F 5)* ein: *»Ich habe das beste Ballett der Welt, es tanzt in den besten Opernhäusern, also kann ich auch in den besten Hotels wohnen.«*

Er ging ins *Mariinski-Theater* 18 *(▸ A 7)* und verfiel den Illusionen des imperialen St. Petersburg, dem Ballett. Das *Mariinski* ist nach wie vor Legende und eine der berühmtesten Opern- und Ballettbühnen der Welt. Der prachtvoll restaurierte neoklassizistische Bau, der ab 1860 auf Initiative von Marie von Hessen-Darmstadt, der Gemahlin von Zar Alexander II., errichtet wurde, ist heute die Heimstätte von Intendant Waleri Gergijew, einem der profiliertesten Dirigenten überhaupt.

LIEBESBEZIEHUNG ZU EINEM TANZ-GENIE

Für Diaghilew war jeder Besuch im Opernhaus ein Feiertag. Er sah *Anna Pawlowa* in Tschaikowskys »Schwanensee« den Sterbenden Schwan tanzen. Noch mehr faszinierte ihn ein Tänzer, der mit *Tamara Karsawina* in »Giselle« auftrat: der 19-jährige *Waslaw Nijinsky*. Er bestellte ihn zu sich ins Hotel und machte ihn noch am selben Abend zu seinem Geliebten. Nijinsky notierte in seinem Tagebuch: *»Er missfiel mir wegen seiner affektierten Sprache, aber er erschien mir als Werkzeug meines Schicksals. Ich war meiner Chance begegnet. Ich erlaubte ihm sofort, mit mir zu schlafen.«*

Es entwickelte sich nicht nur eine jahrelange Liebesbeziehung, sondern auch eine intensive Zusammenarbeit, denn die Anfangsjahre und der Ruhm der »Ballets Russes« waren im Wesentlichen geprägt von Diaghilew und von Nijinsky. Im Frühling 1909 reisten beide mit anderen Tänzern nach Paris. Es war der erste Auftritt der »Ballets Russes«. Was dann geschah, sollte die europäische Balletttradition revolutionieren: Am 19. Mai hatte »Le Pavillon d'Armide« im Théâtre du Châtelet Premiere, danach folgten »Fürst Igor«, »Le Festin«, »Les Sylphides« und »Cleopatra«. Neben Nijinsky tanzte die Karsawina die wichtigen weiblichen Parts. Der Tänzer war die eigentliche Sensation jener ersten Pariser Saison der »Ballets Russes«. Ein Erfolgsduo hatte sich gefunden. Und Nijinsky, der »Gott des Tanzes«, war geboren. Diaghilew und seine Truppe zogen die »chers snobs« der Pariser Oberschicht in ihren Bann. Über Nacht wurde Diaghilew zum Star der Boheme – und war für Petersburg verloren.

Kurz vor Beginn des Ersten Weltkriegs besuchte Diaghilew ein letztes Mal St. Petersburg und Russland. Für die »Ballets Russes« bedeutete der Krieg das vorläufige Aus: Die Truppe zerstreute sich über ganz Europa. Gestorben ist der Revolutionär des russischen Balletts in Venedig.

GRAND HOTEL EUROPE 10 ▸ *F 5*
Michailowskaja Ul. 1, Zentrum
www.grand-hotel-europe.com
▶ Metro: Newski Pr.

MARIINSKI-THEATER 18 ▸ *A 7*
Teatralnaja Pl. 1, Zentrum
www.mariinsky.ru
▶ Metro: Newski Pr.

RIMSKI-KORSAKOW-MUSEUM 25 ▸ *G 7*
Sagorodny Pr. 28, Zentrum
www.rimski-korsakov.narod.ru
▶ Metro: Dostojewskaja, Wladimirskaja

ST. PETERSBURG

MATILDA KSCHESSINSKAJA
1872–1971

Man kann darüber streiten, was bei ihr stärker ausgeprägt war: das große Talent als Tänzerin – oder ihre bemerkenswerte Fähigkeit, die männlichen Mitglieder des Zarenhofs zu bezirzen …

Dreizehn Jahre vor ihrem Tod hatte Matilda Kschessinskaja einen Traum: Zar *Alexander III.* beglückwünschte sie zur Abschlussvorstellung der Kaiserlichen Ballettschule im März 1890 – eine Erinnerung an den Tag, an dem er seinen Sohn, den jungen Zarewitsch *Nikolaus*, neben sie platzierte: »*K. war sehr zierlich, hübsch, lebhaft und selbstsicher. Sie muss Eindruck gemacht haben, denn als die Majestäten später mit den jungen Tänzerinnen soupierten, fragte der Zar mit seiner sonoren Stimme: ›Wo ist die K?‹ Die Schulleiterin führte sie sichtlich nervös zu ihm, und als sie ihren Hofknicks machte, streckte er die Hand aus und sagte: ›Seien Sie Ruhm und Zierde unseres Balletts!‹ Er bestand darauf, dass sie beim Essen zwischen ihm und dem jungen Zarewitsch saß. Vor jedem Gast stand ein sehr schlichtes Glas, und um das Gespräch zu eröffnen, sagte Nikolaus: ›Ich bin sicher, dass man bei Ihnen zu Haus nicht aus so billigen Gläsern trinkt.‹ Matilda verliebte sich ›auf der Stelle‹ in ihn, und sie blieben den ganzen Abend zusammen.*«

Die Ballerina Matilda Kschessinskaja, Geliebte des Zaren, war die vermögendste Tänzerin ihrer Zeit. Ein Foto von 1911.

Dieser Traum beflügelte die 86-jährige Ballerina, endlich ihre Erinnerungen an die Petersburger Jahre aufzuschreiben. Den Abschied an diesem ersten Abend beschreibt sie so: »*Wir sahen einander schon anders an. Wir spürten ein Gefühl der Anziehung.*« Und Nikolaus – der spätere Zar – vertraut am 17. Juli 1890 seinem Tagebuch das Bekenntnis an: »Kschessinskaja II. gefällt mir entschieden sehr.« Seine Angebetete war seit Juni Mitglied des

Tanzstunde mit Matilda Kschessinskaja um 1920. Ihre eigene Ballettschule eröffnete sie 1926 in ihrem Pariser Exil.

Kaiserlichen Balletts und tanzte in den Balletten des legendären Choreografen *Marius Petipa*. Ihr Erfolg beruhte auf einer besonderen Grazie und ausdrucksvollen Gestaltungskraft, die das Publikum in ihren Bann zog. Mit ihren atemberaubenden Pirouetten tanzte sich die Ballerina innerhalb eines Jahres an die Spitze und blieb für einige Jahre die unangefochtene Nummer eins auf der kaiserlichen Bühne.

Doch die Affäre kam nicht so schnell voran wie ihre Karriere. Die Romanows schickten ihren Thronfolger für fast ein Jahr auf Weltreise. Zurück von der Reise, begegneten die beiden sich überraschend im *Mariinski-Theater* 18 *(▸ A 7)*. »*Am 4. Januar 1892 gewährte uns das Schicksal eine flüchtige Begegnung*«, schrieb Matilda. »*Der Zar und der Zarewitsch saßen in der ersten Reihe, während die Zarin und die Großfürstinnen in der Kaiserlichen Loge im Ersten Rang saßen. Ich war auch im Ersten Rang. Als ich in der*

Pause meine Loge verließ und nach unten ging, traf ich den Zarewitsch, der auf dem Weg nach oben, zur Kaiserlichen Loge, war. Er konnte nicht gut stehen bleiben, weil er von zu vielen Leuten umringt war, doch ich war überwältigt von der bloßen Tatsache, dass ich ihm so nah sein konnte.«

Kurz darauf begann eine fast zweijährige »amour fou« zwischen dem Prinzen und der Tänzerin, die schon bald durch eine mögliche Verlobung mit *Alix von Hessen-Darmstadt* unterbrochen werden sollte, doch Alix weigerte sich vorerst, zum russisch-orthodoxen Glauben überzutreten. Ein Zeitgewinn für die junge Liebe. Der Zarewitsch kaufte seiner geliebten Matilda ein Haus am *Englischen Prospekt* 18. Großfürst *Konstantin Nikolajewitsch* hatte es für eine andere Ballerina erbauen lassen. Beziehungen der Zarenfamilie zu Tänzern der Kaiserlichen Theater waren durchaus üblich, galten sogar als notwendiger Abschnitt im Leben eines russischen Adligen. Die Abschlussprüfungen der Ballettschule waren gewissermaßen eine Brautschau, wo sich die alten und jungen Großfürsten ihre Freundinnen aussuchten.

UND IMMER KAM DER ZAREWITSCH ...

Als Matilda »ausgesucht« wurde, war sie gerade mal 18 Jahre alt. Geboren wurde sie am 31. August 1872 in Ligowo, außerhalb von Petersburg, in eine Familie von Tänzern. Bis zum Umzug in die Villa hatte sie bei ihren Eltern gelebt. Der Vater hatte darauf bestanden, dass ihre Schwester bei ihr wohnte. »Niki«, wie Matilda den Zarewitsch nannte, kam jeden Abend. In seinem Gefolge fanden sich seine Cousins und jüngsten Onkels in ihrem Haus ein. Man sang georgische Lieder und tanzte. Zwei Jahre dauerte das Glück der beiden. Dann wurde im April 1894 die Verlobung von Nikolaus und Alix von Hessen-Darmstadt bekanntgegeben. Die Großfürsten kümmerten sich rührend um die verlassene Ballerina, Großfürst *Sergei Michailowitsch* trug sie auf Händen und verwöhnte sie mit Luxus. »*Aber weder Großfürst Sergei Michailowitsch noch die Umstände, unter denen ich lebte, konnten mir das ersetzen, was ich verloren hatte: Niki*«, erinnert sich Matilda.

Ihre Karriere am *Mariinski-Theater* rettete sie davor, in Depressionen zu fallen. Im Herbst heiratete Nikolaus, kurz zuvor war sein Vater Zar Alexander III. gestorben. Obwohl die Beziehung zwischen dem Zarewitsch und Matilda mit Nikolaus' Heirat endete, unterstützte er sie, solange er lebte. Als anlässlich der Zarenkrönung in Moskau 1896 die Kschessinskaja nicht zur Gala-Vorstellung im Bolschoi-Theater ausgewählt wurde, schaltete sie empört den ältesten Onkel von Nikolaus, Großfürst *Wladimir Alexandrowitsch*, ein: »*Das Ergebnis war schnell und unmissverständlich. Die Leitung der Kaiserlichen Theater erhielt Befehl, mich an der Krönungsgala teilnehmen zu lassen. Es erfüllt mich mit Glück, Niki so für mich intervenieren zu sehen.*«

Nach einer Benefizvorstellung anlässlich ihres zehnjährigen Bühnenjubiläums am 13. Februar 1900 lernte sie den Cousin von Nikolaus, *Andrei Wladimirowitsch*, kennen. Matilda beschreibt in ihren Memoiren, dass es »Liebe auf den ersten Blick« war – wie damals mit dem Zarewitsch. Die berühmte Balletttänzerin stürzte sich in eine skandalträchtige »Ménage à trois«: Sie war zeitgleich die Geliebte des Großfürsten Sergei Michailowitsch und des sieben Jahre jüngeren Großfürsten Andrei, der 1902 Vater ihres Sohnes wurde. In ihren Erinnerungen zitiert sie Fürst *Radziwill*, der zu ihr sagte: »*Madame, Sie sind bestimmt stolz darauf, dass Ihnen zwei Großfürsten zu Füßen liegen.*« **Worauf sie antwortete:** »*Das ist doch ganz natürlich! Habe ich nicht zwei Füße?*«

In dieser Zeit entwickelte sich auch eine enge Beziehung zu *Sergej Diaghilew*. Seit 1899 gehörte er zum Leitungsteam der Kaiserlichen Theater und schätzte die Beziehungen, die Matilda zum

Die Villa der Kschessinskaja, ein Geschenk des Zaren. Heute ist hier das Museum für politische Geschichte untergebracht.

Hof hatte. Aufgrund ihrer Verbindungen mit dem Hause Romanow galt sie als das »Symbol imperialer Macht« schlechthin, wie der französische Botschafter vor Ort notierte. Und ein französischer Kritiker schrieb 1909: *»Man kann sich nicht vorstellen, welches Gewicht der Tutu dieser jungen Dame bei Hofe hat.«*

Doch im Laufe der Jahre verschlechterte sich ihr Verhältnis zu Diaghilew und schwankte zwischen »innig und eisig«, wie Diaghilews Biograph Richard Buckle schreibt: *»Ihr Verlangen, auf der Bühne zu brillieren, was ihr seit 18 Jahren so gut gelungen war, wurde höchstens von ihrer Machtliebe und ihrer Leidenschaft für Brillanten übertroffen. Sie konnte unwiderstehlich sein, wenn sie jemandem gefallen wollte, und half jüngeren Tänzern, die ihre Vorherrschaft nicht unmittelbar bedrohten.«* So unterstützte sie die ersten Schritte des jungen *Waslaw Nijinsky* auf der Bühne des *Mariinski*, aber in den »Ballets Russes« von Diaghilew war sie nicht wirklich präsent. Der Choreograf *Michail Fokin* hielt sie sogar für eine *»Tänzerin aus einer vergangenen Epoche, die sich nicht für seine neuen Werke eigne«*. Diese Art von Ablehnung verzieh sie nicht. Immer wieder legte Kschessinskaja Diaghilew Steine in den Weg.

Nähert man sich der Petrograder Seite von der Newa, fällt sofort das prachtvolle *Jugendstilpalais* von Matilda Kschessinskaja auf. Hofarchitekt Alexander von Gogen entwarf das asymmetrische Gebäude im Jahre 1904 mit nur einem achteckigen Turm. 1906 bezog die Ballerina die 35-Zimmer-Villa, die ihre wahre Größe erst preisgibt, wenn man die Ecke zur Uliza Kuibyschewa umschritten hat. Kschessinskajas Haus bündelt wie im Brennglas die wechselvolle Kultur- und Zeitgeschichte des letzten Zarenreichs. Nur wenige Jahre blieben ihr in dem Palais, das schnell zum mondänen Treffpunkt der St. Petersburger Gesellschaft und Künstler wurde. *Fjodor Schaljapin*, *Anna Pawlowa* und Sergej Diaghilew gingen hier ebenso ein und aus wie diverse Großfürsten oder der Botschafter von Siam. Während des Ersten Weltkriegs eröffnete sie in ihrer Villa ein Hospital.

DIE FLUCHT NACH DER REVOLUTION

Gleich nach der Februarrevolution hatte sie die Zeichen der Zeit rechtzeitig erkannt und ihr luxuriöses Domizil verlassen. Einige Monate hielt sie sich noch mit ihrem Sohn in der Stadt auf. Sie wohnten bei ihrem Bruder und bei Freunden, bevor sie die revolutionäre Stadt Richtung Kaukasus verließ, wo sich Großfürst Andrei Wladimirowitsch schon aufhielt. Ihre *Villa* wurde schon am Tag nach ihrer Flucht in einem Akt von antizaristischem Vandalismus geplündert. In den bewegten Monaten zwischen der Februar- und Oktoberrevolution wurde das *Palais* zudem zu einem politischen Machtzentrum. Revolutionäre Kämpfer besetzten das verwüstete Haus und richteten den Soldatenklub »Prawda« ein. Bald hatte das Zentralkomitee der Bolschewiki hier ebenso seinen Sitz wie das Zentralbüro der Gewerkschaften oder das Redaktionsbüro der Militärzeitung »Soldatskaja Prawda«. Nach seiner Rückkehr aus dem Exil wurde die *Villa* auch Lenins Arbeitsplatz und Rednertribüne. In seinem Arbeitszimmer im zweiten Stock schrieb er die »Aprilthesen«, vom angrenzenden Balkon hielt er Reden, bis Truppen der Provisorischen Regierung das *Palais* besetzten.

Während der Sowjetzeit wurde in diesem Gebäude das Museum der Großen Sozialistischen Oktoberrevolution eingerichtet. Heute befindet sich hier das Museum für politische Geschichte. Ein Raum ist auch der Primaballerina gewidmet. Neben persönlichen Dingen der Tänzerin sind auch Skizzen von Zar Nikolaus II. ausgestellt.

Matilda Kschessinkaja verließ Russland 1920 für immer. In Paris heiratete sie Großfürst Andrei Wladimirowitsch, den Vater ihres Sohnes, und gründete 1929 eine Ballettschule. Großfürst Sergei Michailowitsch hatte ihr schon Jahre zuvor ein Haus in Paris geschenkt. Erst im hohen Alter von 86 schrieb sie über ihr Leben und bekannte sich öffentlich zu ihrer Affäre mit dem Zaren. Sie wurde fast 100 Jahre alt.

VILLA KSCHESSINSKAJA
Museum für politische Geschichte
Ul. Kuibyschewa 2–4, Petrograder Seite
www.polithistory.ru
▶ Metro: Gorkowskaja

WAGANOWA-BALLETTAKADEMIE 31 ▶ *G6*
Ul. Rossi 2, Zentrum
http://vaganovaacademy.com
▶ Metro: Newski Pr.

KASIMIR MALEWITSCH

1879–1935

Der Maler schuf eine neue Bildsprache: den Suprematismus. Alles begann mit einem schwarzen Quadrat auf weißem Grund. Es wurde zum unverwechselbaren Symbol dieses herausragenden Künstlers.

St. Petersburg, 3. Dezember 1913: Der erste große Auftritt des Künstlers und Begründers der abstrakten Malerei in Russland löst einen handfesten Skandal aus. Bei der Uraufführung der ersten futuristischen Oper »Sieg über die Sonne« im Lunapark-Theater in der Petersburger Offizjerskaja-Straße prallen Jubel und Entrüstung, Begeisterungsstürme und Unverständnis aufeinander. Das Bühnenwerk ist eine Gemeinschaftsarbeit vier junger Künstler. Sie haben sich der Zukunft verschrieben und nennen sich ganz ernsthaft »Budetljani«, »Zukünftler«. In einem kleinen Datschenort am Finnischen Meerbusen bei St. Petersburg hat man sich im Frühjahr 1913 getroffen und auf dem »Ersten Allrussischen Futuristenkongress« beschlossen, die Welt aus den Angeln zu heben. Aber erst einmal wollen die jungen Punker, unter ihnen auch der Dichter *Wladimir Majakowski*, dem öffentlichen Geschmack »eine Ohrfeige« verpassen. Dazu planen sie die Inszenierung einer Oper, in der auf der Bühne die Sonne als Symbol überholter Romantik und Geschwätzigkeit besiegt und vernichtet werden soll.

Der Maler Kasimir Malewitsch auf einem Selbstporträt von 1908.
Er war der Hauptvertreter der russischen Avantgarde.

Kasimir Malewitsch, der Maler, hat für die Aufführung die Kostüme und die Dekorationen entworfen, und der schlichte Bühnenvorhang aus Kattun ist nur mit einem schwarzen Quadrat auf weißem Grund bemalt. Sein erster Versuch, die Menschheit »vom Ring des Horizonts zu befreien«. Das Libretto hat der Dichter *Alexei Krutschonych* verfasst, und zwar in »Übersinn«, einer neuen absurden Sprache, die frei ist von jeglicher Logik, denn dem »gesunden

Das berühmte »Schwarze Quadrat« von 1918, ein Meilenstein in der Malerei der Moderne. Das Bild hängt in der Eremitage.

Menschenverstand sollte der Garaus gemacht werden«, die Schauspieler hatten nur zu röcheln und zu stammeln. Der Maler und Komponist *Michail Matjuschin* lieferte die Partitur. Er verwendete Vierteltöne. Ein Experiment mit Ultrachromatik. Die Musik klang nach Berichten von Zeitzeugen »wie verzerrter Verdi«.

Für Malewitsch ist die Arbeit an dieser Oper wegweisend. Mit den schwarzen Quadraten auf den Vorhängen hat er den Grundstein zu seinen Experimenten mit der Abstraktion, zu seinem »Suprematismus« gelegt. Ein kompliziertes System, das auf Intuition und Inspiration, auf Geistigem beruht und keinesfalls etwas mit Konstruktion zu tun haben soll. Suprematismus ist die Vision einer spirituellen, von den Zwängen irdischen Daseins befreiten Sphäre. Sein Leben lang hat sich Malewitsch in Pamphleten oft fanatisch und manchmal auch unverständlich mit dem Suprematismus auseinandergesetzt. Er wird immer wieder auf das

»Schwarze Quadrat« zurückkommen, im Bild, als Modell für eine Architektur der Zukunft, als Vorlage für Porzellanentwürfe.

Heute hängen mehrere Varianten des »Schwarzen Quadrats« im *Russischen Museum* 26 (▸ F 4) und eine Version in Rot. Die Quadrate und ihre Vorstudien wurden häufig an bedeutende Museen der Welt ausgeliehen. Heute dürfen die Bilder nur noch selten reisen. Zu fragil ist der Farbauftrag, zu groß die Gefahr eines Kunstraubs. Immerhin sind sie inzwischen hoch versichert.

ER HEIRATET DIE TOCHTER EINES PSYCHIATERS

Damals wie heute wird Malewitsch als der Künstler mit dem »Schwarzen Quadrat« identifiziert. Es ziert Kopftücher, Tischdecken, Aschenbecher, Werbeagenturen haben es als Logo entdeckt. Sogar in Malewitschs Grabstein ist ein schwarzes Quadrat eingemeißelt. Was würde er, der sein Leben lang auf Geist und nie auf Materielles gesetzt hat, von diesem Quadrat-Boom halten?

Kasimir Malewitsch wird 1879 in Kiew geboren, sein polnisch stämmiger Vater war Angestellter in einer Zuckerfabrik. Ikonen beeindrucken das Kind und die hügelige Landschaft der südlichen Ukraine mit ihren riesigen Sonnenblumenfeldern. Als Autodidakt bringt sich der junge Malewitsch das Malen bei; 1896 wird er an der Kiewer Schule für Malerei angenommen. Die dortigen Lehrer machen ihn auf bessere Ausbildungsmöglichkeiten in St. Petersburg und Moskau aufmerksam. Es zieht ihn nach Moskau. Von seinen kargen Honoraren, die er als technischer Zeichner in Kiew verdient hat, kauft er ein Eisenbahnbillet. Auch die Liebe zieht ihn da hin. 1909 heiratet er die Tochter eines Psychiaters und stürzt sich ins Künstlerleben von Moskau und St. Petersburg.

Die Ausstellungen der Künstlergruppen »Eselsschwanz«, »Zeitgenössische neue Malerei« und »Union der Jugend« beschickt er mit gegenständlichen Werken. Weil die »Union der Jugend«

hauptsächlich in St. Petersburg operiert, ist Malewitsch immer öfter in der Stadt und übernachtet bei seinem Künstlerkollegen Michail Matjuschin in dessen Haus in der Uliza Professora Popowa 10, dem heutigen *Museum der Petersburger Avantgarde*. Dieses Haus ist Treffpunkt der jungen Künstler. Diskussionsstoff gibt es reichlich, kommen doch junge russische Maler aus Frankreich mit impressionistischen Bildern im Gepäck zurück.

Malewitsch spricht auf einer Veranstaltung über die Bedeutung der Malerei. *»Er versuchte zu beweisen, dass Naturalismus und Fotografie ein und dasselbe seien. Malewitsch projizierte ein banales Bild aus einer Modezeitschrift auf die Leinwand, eine ›Frau mit Kompotthütchen‹. Als er lautstark darauf hinwies, dass dies Photo genau dasselbe sei, wie das, was der Maler Serow auf die Leinwand bringt, brach ein Skandal aus und Kasimir wurde am Weitersprechen gehindert«*, berichtet Matjuschin in seinen Erinnerungen. Auf derselben Veranstaltung wurde der Dichter *Leo Tolstoi* eine »mondäne Klatschtante« genannt, worauf eine alte Dame in Ohnmacht fiel und aus dem Saal getragen werden musste.

Für Aufsehen sorgt nach Beginn des Ersten Weltkriegs »Tramway W. Erste futuristische Ausstellung« in einer Petersburger Galerie am Marsfeld *(▸ F 3/4)*. Die Künstler, neben Malewitsch *Iwan Kljun, Iwan Puni* sowie dessen Frau *Xenia Boguslawskaja* zeigen sich den Gästen mit roten Löffeln im Revers und bemalten Gesichtern. Und Kasimir Malewitsch stellt zum ersten Mal sein Gemälde »Schwarzes Quadrat« vor, sein Kollege *El Lissitzky* berichtet: *»Malewitsch wagte es, auf Untergang zu setzen: eine Form, die mit allem kontrastierte, was man unter einem Bild, unter Malerei, unter Kunst verstand. Der Künstler selbst meinte, dass er die Null-Form, die Null-Malerei begründet habe.«* Vielen Ausstellungsbesuchern, darunter auch einem Künstler wie *Alexander Benois*, dem Kopf der Symbolistengruppe um *Sergej Diaghilew*

Die Malewitsch-Ausstellung im Russischen Museum. Links das Gemälde »Mädchen auf dem Feld«, entstanden von 1928 bis 1932.

und der »Mir Iskusstwa«, »Welt der Kunst«, war das Bild völlig unverständlich. Welten stoßen aufeinander. Benois kritisiert das »Schwarze Quadrat« als eine »Predigt des Nichts und der Zerstörung« und legt dem Künstler nahe, sich in eine Schweineherde zu verwandeln und im Meer zu verschwinden. Auch Malewitsch hat in jenen Jahren wohl noch nicht ganz begriffen, was er da geschaffen hat. Nach Aussagen seiner Schülerin *Anna Leporskaja* soll er jedenfalls nach Fertigstellung des Bildes eine ganze Woche nicht gegessen, nicht getrunken und nicht geschlafen haben.

Malewitsch überlebt die Kriegsjahre als Zeichner von Propaganda-Plakaten und Postkarten für Soldaten an der Front. Er begrüßt die Oktoberrevolution von 1917. Jetzt sieht er die Möglichkeit, seine bahnbrechenden Visionen einer neuen Kunst zu verwirklichen: Diese Kunst soll abstrakt sein, sie soll jeden im Innersten erschüttern. Voller Enthusiasmus gründet er nach

Kriegsende in Petrograd ungewöhnliche Institutionen, in denen eine neue revolutionäre Kunst vermittelt wird, die jedem zugänglich ist. *»Lasst uns die Welt aus den Händen der Natur entreißen und eine neue Welt errichten, die dem Menschen gehört«*, schwärmt er. In den 20er-Jahren ist Malewitsch alles in einer Person: Künstler, Lehrer, Kulturfunktionär, Museumsdirektor, Theoretiker des Suprematismus und Visionär.

KONFRONTATION VON KUNST UND KOMMUNISMUS

1923 initiiert er die große Überblicksausstellung »Petrograder Künstler aller Richtungen«. Die gesamte Petersburger Avantgarde ist dabei, Namen, die heute mit Millionenwerten verbunden sind, wie etwa *Ilja Tschaschnik*, *Pawel Filonow*, El Lissitzky und Michail Matjuschin. Für ein paar Jahre wird Malewitsch Direktor des »GINChUKS«, des staatlichen Instituts für Künstlerische Kultur, das mit seinen Ateliers und Wohnungen in einem Adelspalais gegenüber der Isaakskathedrale untergebracht ist, im sogenannten *Malewitsch-Haus* [20] *(▸ C5)*, das heute nur von außen besichtigt werden kann. Dieses Institut ist wie ein riesiges wissenschaftliches Forschungslabor aufgebaut, nirgendwo stehen Staffeleien oder Aktmodelle herum, und einen Lehrplan wie in einer Kunstakademie sucht man vergeblich. Mit wissenschaftlichen Methoden soll erforscht werden, wie Malerei auf den Betrachter wirkt. Die Studenten »bekommen in diesem Institut die klinische Chirurgie der Malerei geboten«, so drückt es Malewitsch aus.

Bis zu seinem Tod verfügt Malewitsch über eine Wohnung im Gebäude, die ihm auch als Atelier dient. Mit seinem Freund und Kollegen Michail Matjuschin arbeitet er an einer neuen Abteilung für das Institut, sie wird »Organische Kultur« genannt und untersucht die »allseitige Entwicklung der Wahrnehmung«. Heute würde man das »Visuelle Kommunikation« nennen.

Gegen Ende der 20er-Jahre gerät Malewitsch mit seinem Institut in die Schusslinie der Kommunistischen Partei: »Kloster auf Staatskosten« heißt es in der »Prawda« vom 10. Juni 1926, in dem *»Narren in Christo hausen, die vielleicht sogar unbewusst eindeutig konterrevolutionäre Propaganda treiben und unsere sowjetischen wissenschaftlichen Organe für dumm verkaufen.«* Das Todesglöckchen für das Institut hat geläutet. Auch für den Suprematismus und seine Vertreter?

Noch werden Künstler von Stalin in Ruhe gelassen. Die Verhaftungswelle rollt erst ab Mitte der 30er-Jahre. Malewitsch begibt sich auf Auslandsreisen, nach Berlin und Warschau. Zwei ihm gewidmete Ausstellungen in Kiew und Moskau werden 1930 von offizieller Seite geschlossen.

Nach monatelanger Krankheit stirbt Malewitsch in seiner Wohnung an Krebs. Seine Frau, seine Tochter und seine Mutter sind bei ihm. Unzählige Menschen folgen dem schwarz-weißen Sarg. Die Gestaltung seines Grabsteins hat Malewitsch kurz vor seinem Tod mit seinem Lieblingsschüler *Nikolai Suetin* festgelegt: ein schwarzes Quadrat auf weißem Grund.

MALEWITSCH-HAUS [20] ▸ *C5*
Isaakjewskaja Pl. 9, Zentrum
▸ Metro: Newski Pr.

MUSEUM DER PETERSBURGER AVANTGARDE
Ul. Professora Popowa 10, Petrograder Seite
www.museum.ru/m3094
▸ Metro: Petrogradskaja

RUSSISCHES MUSEUM [26] ▸ *F4*
Inschenernaja Ul. 2–4, Zentrum
www.rusmuseum.ru
▸ Metro: Newski Pr.

ANNA ACHMATOWA

1889–1966

Die Lyrikerin wird in ihrer Heimat geliebt und wie eine Ikone gefeiert – bis zum Revolutionsjahr 1917: Die sowjetische Kulturpolitik verbietet die Werke der »tragischen Muse der russischen Poesie«.

Anna Achmatowa befand sich auf ihrer Hochzeitsreise nach Italien und Frankreich, als sie 1910 in Paris den italienischen Maler *Amedeo Modigliani* traf. Eine schicksalhafte Begegnung voller Geheimnisse, jedenfalls hat der damals noch unbekannte »Modi«, wie Anna ihn nannte, die schöne und kluge Russin mehrfach gezeichnet und gemalt. Eine der Zeichnungen hing jahrzehntelang in Achmatowas Wohnung im *Scheremetjew-Palast*, dem sogenannten *Fontänenhaus*. Mit knappen Strichen hat der blutjunge Künstler »mit dem magischen Blick« Anna Achmatowa eingefangen: eine unbeugsame ägyptische Sphinx. *»Sie sah einfach überwältigend aus. Ein Meter achtzig groß, dunkelhaarig, hellhäutig, mit den blassen graugrünen Augen der Schneeleoparden, schlank und unglaublich geschmeidig«*, schwärmte ihr Lieblingsschüler *Joseph Brodsky*.

Anna Gorenko wächst in *Zarskoje Selo*, der Sommerresidenz der Zaren, als Tochter eines Marineoffiziers auf. Den Namen Achmatowa hat sie erst später zu Ehren ihrer tatarischen Ahnen

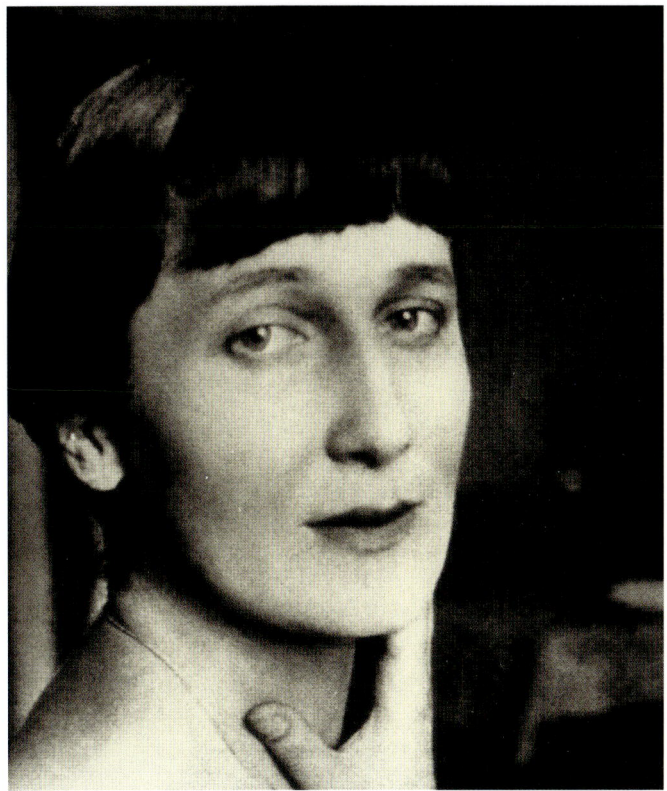

Eine schöne Frau mit einem großen poetischen Talent: Anna Achmatowa gilt als bedeutendste Dichterin Russlands.

angenommen. Inspiriert von ihrem Lieblingsdichter Alexander Puschkin, der fast 100 Jahre vorher das berühmte Lyzeum in *Zarskoje Selo* besuchte, verfasst sie dort in den Parkanlagen die ersten Gedichte und begegnet ihrem künftigen Ehemann, dem Dichter *Nikolai Gumiljow*. Doch es ist St. Petersburg, der Ort ihrer Inspirationen, Sehnsüchte und Hoffnungen, der endgültig aus ihr eine Dichterin macht: *»Nur eine Stadt kenn ich auf dieser Welt /*

Das Fontänenhaus der Fürstenfamilie Scheremetjew. Hier lebte Anna Achmatowa viele Jahre.

und könnte blind im Schlafe sie ertasten. / Und wie viel Verse hab ich nicht geschrieben, / Und ihr geheimer Chor umringt mein Lager.« Nikolai Gumiljow und die Achmatowa sind ein Traumpaar. Sie verkehren mit der jungen russischen Kulturelite auf den Dichtersoireen in *Wjatscheslaw Iwanows* legendärem Dichterturm im Eckhaus am Taurischen Garten. Hier hält Iwanow regelmäßig am Mittwoch Hof für die Boheme, diskutiert bis in die frühen Morgenstunden über Mystizismus, Literatur und Revolution. Ein anderes Domizil der beiden ist das Kellerlokal *Zum streunenden Hund* 5 (▸ F 4) am Platz der Künste.

Hier tritt Anna Achmatowa zum ersten Mal als Dichterin auf, eine elegante, hochgewachsene Erscheinung voller Anmut. Mit ruhiger, unpathetischer Stimme trägt sie ihre Gedichte vor, ein neuer Ton ist zu vernehmen, unsentimental, ungekünstelt, weit entfernt von den Gefühlsausbrüchen der Symbolisten, gegen deren Hang zu Mystik und Transzendenz Achmatowa und ihre Dichterfreunde sich wehren und die sie in ihrem Manifest ablehnen. Sie proklamieren als »Dichterzunft« den Akmeismus: rationale, klare Verskunst in einer Sprache, die von jedermann verstanden werden kann. Schon mit ihrer ersten Gedichtsammlung zeigt sich Anna als Meisterin dieser Richtung. Anna hat das literarische St. Petersburg der Vorkriegszeit erobert. Sie schreibt: »*Der Weinstock ist erblüht – und ich werde heute Abend zwanzig Jahr ...*«

Für ein bürgerliches Familienleben sind aber weder Achmatowa noch Gumiljow geschaffen. Beide sind auf ihre Art Solisten, Egozentriker. Gegenseitige Kritik an Lebensführung oder Werk ertragen beide nicht; das führt zu heftigsten Reaktionen. Ihr Sohn *Lew*, zärtlich Ljowa genannt, kommt am 1. Oktober 1912 auf die Welt und wächst auf dem Gut der Gumiljow-Familie in Slepnjowo auf. Trotz des gemeinsamen Kindes gehen sie von diesem Jahr an getrennte Wege.

BEDROHT, GEDEMÜTIGT, AUSGEGRENZT

Anna Achmatowa reist viel und leidet unter den schweren Anschuldigungen der Schwiegermutter, die ihr völliges Versagen als Hausfrau und besonders als Mutter vorwirft. Ihre Trennung von Gumiljow verarbeitet sie im Gedichtzyklus »Der weiße Schwarm«: »*Hier trafen wir das letzte Mal zusammen / Am Newaufer, wo wir immer waren / Hochwasser führte sie / In Angst vor Überschwemmung lag die Stadt. / Er redete vom Sommer und davon / Dass eine Frau ein Unding sei als Dichter. / Da dachte ich zum Zarenschloss hinüber / Und zur Festung Peter Paul.*«

Gleich zu Beginn des Ersten Weltkriegs meldet sich Gumiljow zum Ulanen-Regiment der zaristischen Leibgarde. In St. Petersburg treten andere Männer und Frauen in Annas Leben. Sie ist fasziniert von der jungen Schauspielerin *Olga Glebowa-Sudeikina*, der Ehefrau des Künstlers *Sergej Sudeikin*. Mit ihren verwegenen Auftritten und leidenschaftlichen Tänzen im Kellerlokal *Zum streunenden Hund* sorgt Olga für Furore, die Achmatowa notiert: »*Lockige blonde Haare, Colombine der Zehner Jahre, Doppelgängerin mein.*«

Noch heute findet man an der Kellerwand des Hauses am Platz der Künste Nr. 5 einen Hinweis: Wie ein zeitgenössisches Graffiti zeigt ein tellergroßer dackelähnlicher Hund auf das Lokal. Im selben Gebäude hat wieder ein *Streunender Hund* geöffnet und versucht, mit Lyriklesungen an die Tradition anzuknüpfen.

1918 lässt sich Achmatowa von Gumiljow scheiden und heiratet *Wladimir Schileiko*, den Dichter, Archäologen und ehemaligen Hauslehrer der Enkel des Fürsten Scheremetjew im *Fontänenhaus*. Die Geschichte des *Palasts* geht auf Peter den Großen zurück, der das Grundstück seinem treuen Feldmarschall geschenkt hatte, unter der Bedingung, dass er einen Palast im europäischen Stil bauen ließe, mit einer Fassade zum Fontanka-Kanal. Die Scheremetjews gehörten im 18. Jahrhundert zu den größten Großgrundbesitzern der Welt.

Neben dem Zarenpalast war das *Fontänenhaus* im 19. Jahrhundert der Treffpunkt der adligen Gesellschaft. Um das Wohl der Gäste kümmerten sich weit über 300 Bedienstete. Im Januar 1918 übergibt ein Ururenkel Sergej Scheremetjews den Schlüssel des Schlosses an die im *Smolny* tagenden Sowjets, die das Haus unter Denkmalschutz stellen.

In diesem *Palast* bezogen Anna und ihr Mann eine Wohnung im Seitenflügel, und hier sollte sie mit kurzen Unterbrechungen 35 Jahre lang wohnen. *»Ich habe auf diesen Adelsitz weder Anrecht noch Anspruch. Aber es ergab sich, dass ich fast mein ganzes Leben unter dem Dach des Fontänenhauses verbrachte; arm trat ich ein und arm verlasse ich den Adelssitz.«* In den Räumen des *Palasts* ist heute das *Anna-Achmatowa-Museum* untergebracht.

Nach der Oktoberrevolution und der Machtergreifung durch die Bolschewiki beginnt für Achmatowa eine bittere Zeit, in der sie von linken Kritikern als bürgerliche Literatin denunziert wird, die unfähig sei, sich der neuen Zeit anzupassen. Prompt

Das Achmatowa-Denkmal von Galina Dodonowa vor dem Kresty-Gefängnis.

verhängt der Kulturrat der Kommunistischen Partei ein über Jahrzehnte andauerndes Publikationsverbot. Sie scheitert oft schon an rein praktischen Dingen und kann weder eine Lebensmittelkarte beschaffen noch Heizmaterial für die hohen Räume der Palastwohnung. Sie füttert einen herrenlosen Bernhardiner durch, den sie eines Tages im Schlossgarten findet. Mit diesem Hund bleibt Achmatowa dem Wahlspruch der fürstlichen Familie treu, der im Wappen ins schmiedeeiserne Gitter eingegossen war: »Deus conservat omnia« – »Gott bewahrt alles«.

1921 wird Gumiljow wegen angeblich monarchistischer Verschwörungen erschossen. Es ist der erste Mord der Bolschewiki an einem Schriftsteller und sorgt nicht nur in Petrograder Dichterkreisen für Unruhe, Angst und Empörung. »Brät man jetzt schon Nachtigallen?« wird sich Achmatowa später bei einer Rundfunkaufzeichnung lapidar fragen.

Hätte die Dichterin wie viele ihrer Kollegen emigrieren sollen? Sie hat mit einem klaren Nein geantwortet, zu sehr fühlt sie sich der »russischen Erde« und ihrer Stadt St. Petersburg verbunden. Von der Parteipresse wird sie als Provokateurin beschimpft, bedroht, gedemütigt und ausgegrenzt. Für viele Jahre wird sie daraufhin verstummen. Sie zieht sich zurück und widmet sich dem Werk Puschkins und der Geschichte ihrer geliebten Stadt. Ihr dritter Ehemann, *Nikolai Punin*, ist Professor für Kunstgeschichte, wohnt ebenfalls im *Fontänenhaus* und kümmert sich um die verstaatlichten Kunstschätze der Scheremetjewos. In seiner Dienstwohnung führen Punin und Achmatowa in jenen Jahren einen Salon, in dem die geistige Hautevolee verkehrt. Vertreter proletarischer Dichtervereinigungen und politische Schreihälse werden nicht empfangen.

EIN LEBEN IM STAATLICHEN TERROR

Den Stalin-Terror bekommt Achmatowa von Anfang an zu spüren. Nikolai Punin landet im Kresty-Gefängnis, demselben, in dem schon Gumiljow gesessen hat. Angst, Terror und Bespitzelung beherrschen das Land. *Nadjeschda Mandelstam*, die Frau des jüdischen Dichters *Ossip Mandelstam*, der 1938 in der Nähe von Wladiwostok im Lager umkommt, ist in diesen Jahren Achmatowas Freundin und Gefährtin. *»Von dem, was mit uns war, ist das Tiefste und Stärkste die Angst und ihr Produkt – das ekelhafte Gefühl der Scham und der vollkommenen Hilflosigkeit … Bis Ende der fünfziger Jahre hat die Angst alles, was das Leben der Menschen normalerweise ausmacht, in uns erstickt.«*

Auch ihr Sohn Ljowa wird mehrfach verhaftet und 1939 in ein Lager nach Sibirien verbannt. 1940 steht Achmatowa vor dem berüchtigten Kresty-Gefängnis, um etwas über Ljowas Schicksal zu erfahren. Ihm und Tausenden von Müttern, die ihre im Gulag vermissten Söhne beweinen, widmet sie das Poem »Requiem«: *»Ich verbrachte siebzehn Monate in den Warteschlangen vor den Gefängnissen Leningrads. Irgendwann, irgendwie erkannte mich jemand wieder. Eine hinter mir stehende Frau mit blaugefrorenen Lippen fragte dicht an meinem Ohr: »Können Sie das hier beschrei-*

ben?« Da sagte ich: »Ich kann.« Da ging so etwas wie ein Lächeln über das, was einstmals ihr Gesicht gewesen war.«

Ab 1941 wird Leningrad durch die deutschen Truppen belagert. 872 Tage dauert die Blockade. Hunderttausende von Menschen gehen vor Hunger und Kälte elend zugrunde.

Im August 1945 wird sie erneut diffamiert; auf persönlichen Wunsch von Stalin gibt Andrej Schdanow, der ZK-Sekretär für Kultur, zu Protokoll: *»Sie ist halb Nonne, halb Dirne, oder richtiger Dirne und Nonne, bei der sich Unzucht und Gebet verflechten.«* Das bedeutet erneutes Publikationsverbot. Wenige Jahre vor ihrem Tod erscheint 1963 ihr Opus Magnum, das »Poem ohne Helden«. In dieser letzten großen Dichtung, ihrem Vermächtnis, schreibt sie gegen den »mörderischen Gedächtnisschwund« an und lässt so die geliebte Stadt wiederauferstehen. Aber das St. Petersburg, das sie beschreibt, ist untergegangen.

Anna Achmatowa stirbt am 5. März 1966 in Domodedowo bei Moskau. Ihren Sarg tragen unter anderem ihr Sohn Lew Gumiljow und der spätere Nobelpreisträger Joseph Brodsky.

ANNA-ACHMATOWA-DENKMAL
Kresty-Gefängnis
Arsenalnaja Nabereschnaja 7/Ul. Komsomola 8, Wyborger Seite
▶ Metro: Pl. Lenina

ANNA-ACHMATOWA-MUSEUM 4 ▶ *H4*
Fontänenhaus/Scheremetjew-Palast
Nab. Reki Fontanki 34/Litejny Pr. 53, Zentrum
www.akhmatova.spb.ru
▶ Metro: Gostiny Dwor, Majakowskaja

ART CAFÉ ZUM STREUNENDEN HUND 5 ▶ *F4*
Pl. Iskusstwa 5/4, Zentrum
www.vsobaka.ru
▶ Metro: Newski Pr.

VLADIMIR NABOKOV

1899–1977

Der Schriftsteller entstammt einer liberalen Adelsfamilie aus St. Petersburg und muss emigrieren. Er kann die Stadt seiner Kindheit und Jugend nie vergessen. In seinen Romanen lebt sie für alle Zeiten fort.

Nabokov liebte das Wortspiel. Der brillante Romancier wurde durch Verlust und Schicksal nicht kleinmütig, sondern stolzer und ironischer. »Wer das verlor, was du verlorst, macht nirgends halt«, das ist eine seiner Bemerkungen, die gleichsam zur Metapher seines eigenen Lebenswegs geriet. Durch die Oktoberrevolution im Jahr 1917 aus St. Petersburg für immer vertrieben, blieb Nabokov der ewige Emigrant. Die Orte seines Exils: London, Berlin, Paris, Amerika, schließlich, ab 1961 bis zu seinem Tod 1977, Montreux. Sein Leben war eine einzige Reise. Es umspannte die Russische Revolution und zwei Weltkriege und teilte mit der Emigration das typische Intellektuellenschicksal des letzten Jahrhunderts. Es waren vor allem die Erfahrungen einer unbeschwerten Kindheit in seiner Heimatstadt, die ihn zu einer lebenslangen Suche nach einer Insel der Seligen verurteilten: *»... man gebe mir nur irgend etwas auf irgendeinem Kontinent, das der Landschaft um St. Petersburg gleicht, und mein Herz wird schmelzen.«*

VLADIMIR NABOKOV

Der Schriftsteller Vladimir Nabokov auf einem Foto von 1960.
Da lebte er schon seit Jahrzehnten im amerikanischen Exil.

1899 wurde Nabokov in eine liberale Petersburger Adelsfamilie geboren. Sein Großvater war Justizminister unter Alexander II., sein Vater war Rechtswissenschaftler, Kriminologe, Politiker und liberaler Publizist. Vladimir jagte als Sechsjähriger Schmetterlinge, schrieb mit 15 Jahren sein erstes Gedicht, zwei Jahre später erschien sein erster Gedichtband. Als er 17 Jahre alt war, verstarb sein Onkel *Ruka*, der homosexuelle Bruder der Mutter – und

Nabokovs Schreibmaschine mit kyrillischen Buchstaben, ausgestellt im Nabokov-Museum.

machte ihn schlagartig zum vielfachen Millionär. Er vererbte ihm auch den Landsitz *Roschdestweno*, 70 Kilometer südlich von St. Petersburg. Dort und auf dem benachbarten Gut Wyra verbrachte er die Sommer. Seine Kindheit und Jugend war schattenlos glücklich: *»Ich bin überzeugt, dass unser Leben damals wirklich von einem Zauber erfüllt war, der anderen Familien unbekannt war.«* Nabokov war 18, als die Familie die Orte seiner Kindheit und Jugend für immer verließ. Noch schienen Vision und Wirklichkeit übereinzustimmen. Nabokov war reich und glücklich, geprägt von einem Gefühl völliger Harmonie, er wollte Schmetterlingsforscher werden. Die Revolution nahm ihm alles. Nur in seinen Büchern, die er später in Berlin schrieb, lebte die fantastische Vergangenheit wieder auf: die Sommerfrische mit den Wäldern und dem Glücksgefühl über die ersten Schmetterlinge, die ersten Gedichte und die erste große Liebe.

Es waren die Sommer auf den Familiengütern, die ihn voller Sehnsucht an Russland denken ließen. Pilze suchen in den Wäldern, die nördlichen Birken und Tannen, stille Alleen, das Flüsschen Oredesch. Das Herrenhaus von *Roschdestweno*, einer der letzten Holzbauten des Empire, hatte Revolution, Krieg und Sowjetzeit unversehrt überstanden. Erst 1995 brannte es nieder, wurde aber wiederaufgebaut. Heute erstrahlt es im frischen Glanz auf einem Hügel oberhalb des Oredesch und beherbergt ein Nabokov-Museum.

Zeitlebens prägte Nabokov die ruhelose Suche nach den Motiven der heimatlichen Landschaft. Als er seine Romane und Memoiren schrieb, in denen St. Petersburg eine große Rolle spielt, war die Stadt für ihn schon jahrelang verloren. Nabokovs russische Romane sind Ausdruck einer unglaublichen Anstrengung, das Verlorene in der Fiktion nochmals zum Leben zu erwecken, so auch in seinem letzten auf Russisch geschriebenen Roman »Die Gabe«, in dem Nabokov seinen Protagonisten, den Schriftsteller Fjodor, fragen lässt: *»Musste man die Sehnsucht nach dem Heimatland nicht ein für allemal verwerfen, nach jeder Heimat außer der einen, die bei mir ist, die wie der silberne Meeressand an der Haut meiner Fußsohlen haftet, in meinen Augen, meinem Blut lebt, die dem Hintergrund einer jeden Lebenshoffnung Tiefe und Weite verleiht?«*

Nabokovs Russland ist das Land seiner Kindheit und ein Leben in schier unglaublicher Prachtentfaltung. 50 Diener, Hauslehrer, Gouvernanten und drei große Automobile gehören neben dem Stadthaus und den Landgütern im Jahre 1910 der Familie Nabokov. Die Winter verbrachte man in St. Petersburg, wo die Familie in einem Patrizierhaus lebte.

DIE JUGEND WIRD VON LUXUS GEPRÄGT

Heute ist es das *Nabokov-Museum* 22 *(▸ B/C6)*. Leider verkörpert dieser Bau aus ehemals dunkelrotem Sandstein eher das deprimierende Leningrad, wie die Stadt zur Sowjetzeit hieß, als das strahlende Petersburg. Obwohl das Haus in bester Lage steht, wirkt es grau und schmutzig. Besuchern kann es immer wieder passieren, dass sie während der Öffnungszeiten vor geschlossenen Türen stehen.

Das war zu Nabokovs Zeiten ganz anders. Er schrieb über sein Zuhause euphorisch: »*Wir sind inzwischen in unser Stadthaus umgezogen, ein elegantes italisierendes Gebäude aus finnischem Granit mit Blumenfresken über dem dritten (obersten) Stockwerk und einem Erker im zweiten, das mein Großvater um 1885 in St. Petersburg (dem heutigen Leningrad), Morskaja-Straße 47 (der heutigen Herzen-Straße), hatte erbauen lassen. Die Kinder bewohnten den zweiten Stock. In dem gewählten Jahr 1908 hatten mein Bruder und ich noch ein gemeinsames Kinderzimmer.*« Es war das Zimmer über dem Erker, dem Zimmer der Mutter:

»*Das Boudoir meiner Mutter hatte einen Erker, von dem aus man die Morskaja in Richtung Marienplatz bequem übersehen konnte. Die Lippen gegen den dünnen Stoff vor der Fensterscheibe gedrückt, schmeckte ich durch den Voile hindurch immer deutlicher die Kälte des Glases. Vom gleichen Erker aus verfolgte ich einige Jahre später, beim Ausbruch der Revolution, verschiedene Kampfhandlungen und erblickte meinen ersten Toten …*«

Wenn die Nabokovs von ihrem Stadthaus Richtung *Newski Prospekt (▸ D 4–K 6)* gingen, kamen sie an Luxusgeschäften vorbei: »*Wir treiben vorbei an den Schaufenstern von Fabergé, dessen Mineralmonstrositäten, juwelenbesetzte Trojkas auf marmornen Straußeneiern und dergleichen, von der kaiserlichen Familie sehr geschätzt, von unserer dagegen für Embleme grotesker Protzerei gehalten wurden. Kirchenglocken läuten, der erste Zitronenfalter fliegt hoch auf über den Triumphbogen am Schlossplatz.*«

Der Schlüssel zu Nabokovs Werk liegt in der Heimatstadt: Er war durch und durch Petersburger. Er liebte die Stadt, in der er das erste Viertel seines Lebens verbrachte. Nabokov konnte nur lieben oder hassen – Gefühle dazwischen interessierten ihn nicht. Wie alle Kinder aus besseren Familien hatten Vladimir und sein Bruder *Sergei* Unterricht durch Privatlehrer genossen.

Der Newski Prospekt mit der Anitschkow-Brücke. Nabokov liebte diese Stadtansichten und beschrieb sie oft in seinen Romanen.

Nun beschloss der Vater im Januar 1911, dass es Zeit für eine Schule sei. Der Vater gehörte zum liberalen Adel und galt als einer der führenden Köpfe in der vorrevolutionären russischen Hauptstadt. Er entschied sich für die fortschrittliche *Tenischew-Schule* 30 *(▸ H 3)*, auf die Vladimir Nabokov in seinem Roman »Lushins Verteidigung« auch sein lebensunfähiges Schachgenie Lushin gehen lässt. Der Dichter *Ossip Mandelstam* besuchte ein paar Jahre vor Nabokov ebenfalls diese Schule. Die beiden hatten sogar den gleichen Literaturlehrer.

In Sommer 1915 erlebte Nabokov auf dem Land seine erste Liebe. *Walentina Schulgin* hieß das gleichaltrige Mädchen. In Petersburg im Winter wurde es schwieriger, sich mit Tamara, wie er sie in seinem Erinnerungsband nennt, zu treffen. Er schwänzte die Schule und streifte mit ihr stundenlang durch die Stadt auf der Suche nach geheimen Schlupfwinkeln. *»Wenn uns Museen und*

Kino im Stich ließen und die Nacht gerade erst angefangen hatte, blieb uns nichts anderes übrig, als die Wildnis der unheimlichsten und rätselhaftesten Stadt der Welt zu erforschen. Die eisige Feuchtigkeit auf unseren Wimpern verwandelte einsame Straßenlampen in Seewesen mit prismatischen Wirbelsäulen. Wenn wir die weiten Plätze überquerten, ragten verschiedene Architekturphantome mit stiller Plötzlichkeit dicht vor uns auf.«

Ein Jahr später brach Walentina sein Herz und verließ ihn. Trotzdem machte er sie zehn Jahre später in seinem ersten Roman »Maschenka« zur Hauptfigur: »*Sie trafen sich unter demselben Torbogen, wo Lisa in Tschaikowskis Oper Pique Dame stirbt. Weiche übergroße Schneeflocken schwebten senkrecht herunter durch eine Luft so grau wie mattes Glas.*«

Im Herbst 1917 floh die Familie Nabokov nach der Oktoberrevolution zuerst auf die Krim und von dort nach Westeuropa. Nabokov begann ein Studium in Cambridge, seine Eltern gingen mit den Geschwistern nach Berlin, wo sein Vater 1922 von fanatisierten rechtsradikalen Exilrussen erschossen wurde. Die Familie brach auseinander, zog in unterschiedliche Richtungen: *Jelena Nabokov* zog mit den drei jüngsten Kindern nach Prag, sein Bruder *Sergei* nach Paris.

ER TRAUERTE UM SEINE VERLORENE KINDHEIT

Allein Vladimir blieb in Berlin. Hier lernte er 1923 seine Frau *Vera* kennen und schrieb seine russischen Romane. Doch unübersehbar nahmen die Gefährdungen zu, Vera war Jüdin. 1937 verließen sie Nazideutschland und zogen nach Paris, wo er begann, auf Englisch zu schreiben. Nur drei Jahre später gingen sie in die USA.

Er unterrichtete an verschiedenen Universitäten, bis er 1955 seinen Durchbruch mit »Lolita« erfuhr. Ein skandalöses Buch. Die Obsession eines 37-Jährigen für ein zwölfjähriges Nymphchen, die in alle Sprachen übersetzt wurde, machte ihn quasi über Nacht berühmt und reich. So fand er im Alter ein wenig zu dem Lebensstil zurück, den er in St. Petersburg gewohnt war. Und im Luxushotel Montreux Palace schien Nabokov etwas gefunden zu haben, das ihn an seine verlorene Kindheit erinnerte.

»Eine glückliche Heimatvertreibung«, nannte Nabokov viele Jahre später sein Exil. *»Meine alte (von 1917 her datierende) Fehde mit der sowjetischen Diktatur hat nicht das mindeste mit Besitzfragen zu tun. Für einen Emigranten, der ›die Roten hasst‹, weil sie ihm Land und Geld ›gestohlen‹ haben, empfinde ich nichts als Verachtung. Die Sehnsucht, die ich all diese Jahre lang gehegt habe, ist das hypertrophische Bewusstsein einer verlorenen Kindheit, nicht der Schmerz um verlorene Banknoten.«*

Das Sehnen nach einem Ort, von dem man abgeschnitten wurde, beschwört Nabokov in seinem Erinnerungsbuch »Erinnerung, sprich« auf wunderbare Art herauf. Seine Sehnsucht galt dem vorrevolutionären Petersburg und der Landschaft im Süden der Stadt. Ins Russland seiner Kindheit kehrte er nur in seinen Büchern zurück.

NABOKOV-MUSEUM 22 ▸ *B/C 6*
Morskaja Ul. 47, Zentrum
www.nabokovmuseum.org
▸ Metro: Newski Pr.

ROSCHDESTWENO
www.museum.ru/m262
▸ Elektritschka: Siwerskaja
70 km südlich von St. Petersburg

TENISCHEW-SCHULE 30 ▸ *H 3*
Mochowaja Ul. 33–35, Zentrum
▸ Metro: Newski Pr.

DMITRI SCHOSTAKOWITSCH

1906–1975

Der bedeutendste russische Komponist des 20. Jahrhunderts schrieb unter dem grauenhaften Eindruck der Leningrader Blockade, bei der über eine Million Menschen starben, die unvergessene 7. Sinfonie.

Im populären Leningrader Filmtheater »Goldenes Band« auf dem Newski Prospekt *(▸ D 4–K 6)* tritt 1923 ein schüchterner junger Student als Stummfilmpianist auf. Ob Liebesschnulze, Kriegsfilm oder Detektivgeschichte – wenn er im schwarzen Frack mit weißen Söckchen am Klavier sitzt, ist der Kinosaal ausverkauft. Dmitri Schostakowitsch verdient sich zwar keine goldene Nase, aber es reicht in den entbehrungsreichen Jahren dazu, seine Mutter und die Geschwister zu unterstützen. Man wohnt bescheiden in der Nikolskaja Uliza 4, die heute Uliza Marata heißt. Das Haus wurde später auf Initiative des Cellisten und Freundes *Mstislaw Rostropowitsch* in ein kleines *Museum* 27 *(▸ J/K 6)* umgewandelt.

Dmitris Vater war 1922 an Tuberkulose gestorben, seine Familie stand vor dem Nichts. Der Mutter war es aber gelungen, ihren hochbegabten Sohn bei *Alexander Glasunow*, den man auch den »russischen Brahms« nannte, am *Konservatorium* 29 *(▸ B 7)* in Petrograd unterzubringen. Glasunow war als strenger Lehrer gefürchtet, noch heute quälen sich die Studenten am *Konservatorium* mit

Der Komponist Dmitri Schostakowitsch: Stalins Einfluss wurde in seiner Musik ab Mitte der 30er-Jahre deutlich hörbar.

seinen Etüden herum. Dass sein Schüler eine musikalische Hochbegabung war, fiel Glasunow sofort auf. 1921 setzte er sich bei *Anatoli Lunatscharski*, dem damaligen Kulturminister, für den Schüler ein:

»Ich erlaube mir, Sie für einen zweifellos talentierten Jungen um Zuteilung eines Verpflegungssatzes zu ersuchen – für den Pianisten und Komponisten Dmitri Schostakowitsch, 14 Jahre alt. Er verfügt über ein phänomenales musikalisches Gedächtnis, ein absolutes Gehör,

Dmitri Schostakowitsch als Dirigent des Philharmonischen Orchesters von Leningrad. Eine Aufnahme von 1967.

besitzt enorme Kenntnisse in der Klavierliteratur, und er ist bereits mit ersten Kompositionen vor das große Publikum getreten. Sein begabter Kopf arbeitet unermüdlich und übermäßig ... Er kann ohne grundlegende Hilfe nicht aufblühen und braucht dringend Nahrung.«

Dem Ersuchen wurde stattgegeben. Noch am *Konservatorium* komponierte der jetzt 19-jährige Schostakowitsch seine erste, von Mozart inspirierte Sinfonie. Sie wurde schon 1926 bei der Uraufführung durch das Orchester der Leningrader Philharmonie unter *Nikolai Malko* zu einem spektakulären Erfolg, ein Jahr später dirigierte sie *Bruno Walter* in Berlin.

Es ist ein verbreiteter Irrtum, dass westliche Musik in der jungen Sowjetunion der 20er-Jahre verpönt war. Das Leningrader Kulturklima jener Zeit war noch weltoffen. Leningrad, das ehemalige St. Petersburg, musste zwar seine Rolle als Hauptstadt an Moskau abgeben, aber die meisten Künstler hielten ihrer Stadt die Treue. Große Persönlichkeiten der russischen Avantgarde, wie *Kasimir Malewitsch* oder *Vladimir Tatlin* und ihre Schüler, prägten mit kühnen, revolutionären Entwürfen das Kulturleben.

Schostakowitsch besuchte regelmäßig die legendären Abende zeitgenössischer Musik, hörte Neoklassisches, Expressionistisches, auch Jazz. *Gustav Mahler*, *Arnold Schönberg*, *Paul Hindemith* und *Igor Strawinsky* waren ihm vertraut. Auch *Darius Milhaud* und *Alban Berg* kamen Ende der 20er-Jahre nach Petersburg. Milhaud besuchte Konzerte, Berg die sowjetische Premiere seines »Wozzeck«. Auf dem Premierenempfang kam es zu einer kurzen Begegnung: Berg lobte die 1. Sinfonie, Schostakowitsch hingegen die Musik des »Wozzeck«.

EIN GENIE DER FILMMUSIK

In dieser Zeit ist Schostakowitsch Mitglied einer ungewöhnlichen Künstlergruppe, die sich »FEKS – die Fabrik des Exzentrischen Schauspielers« nennt. Den jungen Regisseuren und Schauspielern aus Leningrad geht es um die Erschaffung eines neuen Gesamtkunstwerks mit Elementen aus Music-Hall, Theater und Film, also etwas noch nie da Gewesenes, das einfach alle, vom überzeugten Klassenkämpfer bis zum bourgeoisen Spießer, herausfordern soll. Geprobt wird in einer Kellerwohnung am *Heumarkt* [11] (▸ *E 7*), in dem Viertel, das durch Dostojewski berühmt-berüchtigt geworden war. Auch der Dichter *Wladimir Majakowski* und der Regisseur *Wsewolod Meyerhold* sind dabei. Es entsteht ein Film, der nicht nur sowjetische Filmgeschichte schreiben wird – der avantgardistische Stummfilm »Das neue Babylon«.

Die Filmmusik schreibt der gerade mal 22-jährige Schostakowitsch. Diese Musik strotzt nur so von Ironie. Schostakowitsch mixt schmissige Militärkapellen, vertraute Lieder, sentimentale Walzer und schräge Cancans zu bisher ungehörten Melodien. Er ist jetzt in seinem Element und kann beim Komponieren auf seine Erfahrungen als Stummfilmpianist im »Goldenen Band« zurückgreifen. Die Filmpremiere im Petersburger Kino »Barrikadnaja« wird allerdings zum Skandal: Die Kommunistische Jugend-Internationale pfeift den Komponisten aus und wirft ihm konterrevolutionäres Verhalten vor. Solchen Bezichtigungen wird er sein ganzes Leben lang ausgesetzt sein. Schostakowitsch arbeitet jetzt als Aspirant am Leningrader Konservatorium, heiratet und bezieht eine geräumige Wohnung am Kirow Prospekt 14.

Die Künstlerkantine der Philharmonie gegenüber dem renommierten Hotel Jewropejskaja – dem heutigen *Grand Hotel Europe* **10** *(▸ F5)* – wird zum Treffpunkt, hier schließt Schostakowitsch mit dem Dirigenten, Freund und Mentor *Nikolai Malko* die berühmte Wette ab: Schafft es Schostakowitsch, den Foxtrott »Tea for Two« aus Vincent Youmans' Musical »No, No, Nanette« innerhalb einer Stunde zu orchestrieren? Mitja, so wird Dmitri von seinen Freunden genannt, macht sich sofort an die Arbeit, und nach 40 Minuten ist sein Opus 16, der »Tahiti Trot«, fertig. Das originelle Werk erfreut sich bis heute überall auf der Welt, bei Tanzkapellen, Silvesterkonzerten und als Zugabe, großer Beliebtheit. Jazzmusik hatte es Schostakowitsch überhaupt angetan.

Schostakowitsch setzt sich mit den Werken des Schriftstellers *Nikolai Gogol* auseinander, dessen Neigung zu Groteske und Satire ihn anzieht. Besonders die absurde Handlung der Novelle »Die Nase« fordert ihn zur Vertonung geradezu heraus: Die Nase des Kollegienassessors Kowaljow hat sich selbstständig gemacht, in einen Petersburger Beamten verwandelt und spaziert über den Newski Prospekt. Schostakowitsch zieht alle Register, mischt E- und U-Musik, lässt Märsche und Gassenhauer erklingen und verbietet der »Nase« das Singen, sie darf nur »näseln«. Die Uraufführung im Leningrader Kleinen Opernhaus, dem Maly-Theater,

Der Konzertsaal des Konservatoriums von Petersburg. Hier studierte der junge Schostakowitsch, hier wurde er 1937 Professor.

wird kontrovers aufgenommen, bejubelt und geschmäht. Ein Kritiker bezeichnet die Oper als »Handgranate eines Anarchisten«, ein anderer lobt das Temperament und den Witz der Aufführung. Schostakowitsch ist jetzt prominent. Er verdient gutes Geld, das er gern und großzügig für die Familie und mit Freunden ausgibt. Er leistet sich ein Auto und ein gutes Radio, vor dem er seinen heißgeliebten Fußballübertragungen lauscht.

Doch bald fallen Schatten auf das Leben des Komponisten, der Beginn des Stalin-Terrors zeichnet sich ab, die Zeit der Schauprozesse, der nächtlichen Verhaftungen, der Verbannungen, der Morde, der Angst. Schostakowitsch arbeitet an einer neuen Oper, der »Lady Macbeth von Mzensk« nach einer Erzählung von *Nikolai Leskow*, die von einer begabten Frau handelt, die an den widrigen Umständen des vorrevolutionären Russland zugrunde geht. Die Aufführung, ebenfalls am Maly-Theater, wird ein Riesenerfolg und als »Geburtsstunde der proletarischen Oper« gefeiert. Auszüge werden sogar während der Mittagspausen in Fabrikhallen aufgeführt.

Drei Jahre nach der umjubelten Premiere und vielen weiteren Aufführungen in den sowjetischen Städten wird Schostakowitsch völlig unerwartet vom Bannstrahl Stalins getroffen. Ein Artikel in der »Prawda« fordert unter dem Titel »Chaos statt Musik« die sofortige Absetzung der Oper. Die Parteispitze sieht in dem Werk einen »dekadenten Formalismus« und »ideologisches Gepäck der verfallenen bourgeoisen Welt«. Der große Führer Stalin soll sich im Bolschoi-Theater in Moskau das Werk höchstpersönlich angeschaut und nach dem ersten Akt das Haus wutentbrannt verlassen haben.

Bis zum Beginn des Zweiten Weltkriegs ist Schostakowitsch ein Gezeichneter, eine weitere Oper wird er nicht mehr vollenden. Seine Heimatstadt allerdings steht zu ihm: 1937 erhält er eine Professur am *Konservatorium* und wird in den Vorstand des Leningrader Komponistenverbands gewählt.

AM GRAB LIEGT EIN KRANZ DES KGB

Alle Querelen und Streitigkeiten, Formalismusvorwürfe und Verunglimpfungen treten in den Hintergrund, als deutsche und finnische Truppen am 8. September 1941 einen Belagerungsring um Leningrad schließen und die Dreimillionenstadt von allen Versorgungswegen abschneiden – der Beginn der 872-tägigen Blockade, eine Zeit unvorstellbaren Leids.

Schostakowitsch meldet sich zweimal als Kriegsfreiwilliger, er wird abgewiesen. Mit seinen Kollegen vom *Konservatorium* hebt er Schützengräben aus, mit der Dichterin *Anna Achmatowa* tritt er im Rundfunk auf. In der belagerten Stadt beginnt er mit der Komposition seiner 7., der »Leningrader Sinfonie«, und spielt sie seinen Kollegen vor. Der Komponist *Valerian Bogdanow-Beresowski* berichtet: *»Einstimmig baten wir ihn, sie noch einmal zu spielen.*

Aber die Sirenen ertönten – ein weiterer Fliegeralarm. Schostakowitsch schlug uns vor, eine kurze Pause zu machen, während er seiner Familie half, den Luftschutzkeller zu erreichen. Uns selbst überlassen, saßen wir schweigend da. Worte erschienen unangemessen für das, was wir gerade gehört hatten.«

Im Dezember 1941 wird Schostakowitsch nach Kuibyschew, dem heutigen Samara, ausgeflogen und beendet die Sinfonie. Sie wird am 5. März uraufgeführt, schon am 27. März 1942 in Moskau gespielt und vom Radio auch in das hungernde Leningrad übertragen, als Symbol des Muts und der Hoffnung: *»Ich widme meine 7. Sinfonie unserem Kampf gegen den Faschismus, unserem unabwendbaren Sieg über den Feind, und Leningrad, meiner Heimatstadt.«* In Leningrad werden halbverhungerte Mitglieder des Rundfunkorchesters unter Feuerschutz von der Front zurückgeholt und spielen die 7. Sinfonie am 9. August 1942.

Nach dem Ende des Zweiten Weltkriegs und erneuten Angriffen vonseiten der Kommunistischen Partei wird sich Schostakowitsch immer öfter in Moskau aufhalten. Seine Datscha in Komarowo am Finnischen Meerbusen und eine Suite im *Grand Hotel Europe* werden ihm Zufluchtsorte bleiben.

Am 9. August 1975 erliegt Dmitri Schostakowitsch in Moskau einem Herzinfarkt. Sein Grab ist überhäuft von Blumenkränzen. Einen hat der Geheimdienst KGB geschickt …

SCHOSTAKOWITSCH-MUSEUM 27 ▸ *J/K 6*
Ul. Marata 4, Etage Nr. 9, Zentrum
www.theatremuseum.ru
▸ Metro: Sennaja Pl.

ST. PETERSBURGER KONSERVATORIUM 29 ▸ *B 7*
Teatralnaja Pl. 3, Zentrum
www.conservatory.ru
▸ Metro: Sennaja Pl.

JOSEPH BRODSKY

1940–1996

Er war der jüngste Literaturnobelpreisträger und der größte Dichter Russlands im 20. Jahrhundert. Kein anderer hat St. Petersburg so kraftvoll und eindringlich für die Nachwelt beschrieben.

Eigensinnig und rebellisch soll Joseph Brodsky schon als Kind gewesen sein. Im Alter von 15 Jahren verließ er die Schule. Später nannte er das seinen ersten freien Willensakt. Er arbeitete in der Fabrik und nahm zwischen 1957 und 1960 an geologischen Expeditionen teil. Der wissbegierige junge Mann lernte so große Teile der Sowjetunion kennen. Im Selbststudium brachte er sich Polnisch und Englisch bei. Erste Gedichte entstanden Ende der 50er-Jahre. Nach Stalins Tod erwachte die Sowjetunion aus der Lethargie, es schien auch in der Kultur ein Tauwetter einzusetzen. Das ganze riesige Land lechzte nach Lyrik. So konnte Brodsky sowohl eigene Gedichte als auch Übersetzungen ab 1960 in einigen Zeitschriften veröffentlichen.

»In Petersburg kann sich alles verändern – nur nicht sein Wetter. Und nicht sein Licht. Es ist ein nördliches Licht, blaß und zerstreut, in ihm gewinnen Gedächtnis und Auge eine ungewöhnliche Schärfe.« Mit dieser Schärfe betrachtete und beschrieb er die Stadt. Poesie war für Brodsky das Leben selbst. Die Dichterin *Anna Achmato-*

Joseph Brodsky wurde die russische Staatsbürgerschaft aberkannt. Der Dichter emigrierte in die USA – und wurde Nobelpreisträger.

wa erkannte früh seine Begabung. Der Staat sah das anders: 1964 begann mit der Absetzung Nikita Chruschtschows als Parteichef eine neue Eiszeit.

In jenem Jahr verurteilte ein Leningrader Gericht den Poeten als »arbeitsscheuen Parasiten« zur Zwangsarbeit. Internationale Proteste erwirkten seine baldige Freilassung, und 1972 bürgerte man Brodsky aus der Sowjetunion aus. Es war nicht Platz genug

Park an der Peter-und-Paul-Festung mit Blick über die Newa. Wasser spielt in Brodskys Werken eine große Rolle.

für beide: für Brodsky und den Kommunismus. Er emigrierte über Wien in die USA. Ohne Gepäck, ohne Manuskripte. Seine Gedichte trug er im Kopf aus der Heimat. Genauso wie die Erinnerung an seine geliebte Stadt. Die Sehnsucht sollte ihn ein Leben lang begleiten, nachzulesen in Joseph Brodskys Hommage: »Erinnerungen an Petersburg«:

»*Im Herzen von Leningrad schläft noch das alte Petersburg ... In den Epochen nach Peter baute man nicht einzelne Gebäude, sondern ganze architektonische Komplexe, genauer: architektonische Landschaften. Das bis dahin von europäischen architektonischen Stilrichtungen unberührte Russland öffnete seine Schleusen – Barock und Klassizismus überfluteten die Straßen und Kais von St. Petersburg ... In der zweiten Hälfte des 18. und im ersten Viertel des 19. Jahrhunderts wurde diese Stadt zu einem wahren Mekka für die besten italienischen und französischen Architekten, Bildhauer und Dekora-*

teure. In allem, was ihr kaiserliches Antlitz betraf, war die Stadt bis in die kleinsten Details gewissenhaft durchkomponiert.«

Erinnerungen an die Jugendjahre aus der Ferne: Glanz und Elend liegen heute nah beieinander in der Hauptstadt des ehemaligen Russischen Reichs. Die Fassaden der Paläste sind glänzend restauriert, doch immer noch herrscht Wohnungsnot. 25 Prozent der Menschen leben in Kommunalkas, Gemeinschaftswohnungen, in denen man sich Küche und Bad mit mehreren Familien teilt. Auch Brodsky lebte mit seinen Eltern auf engstem Raum: *»Meine Hälfte war mit ihrem Zimmer durch zwei große Bögen, fast Deckenhöhe, verbunden, die ich ständig mit verschiedenen Kombinationen von Bücherregalen und Koffern zu füllen versuchte, um einen gewissen Grad von Privatheit zu schaffen ...*

Es war die Zeit nach dem Krieg, und wenige Leute konnten sich mehr als ein Kind leisten. Einige konnten sich nicht einmal ihren Vater leisten, als Lebenden oder Anwesenden. Gewaltige Schrecken und Krieg suchten ihre Opfer in den großen Städten, in meiner Vaterstadt besonders. Also hätten wir uns glücklich schätzen müssen, zumal wir Juden waren.«

PETERSBURG BLIEB IN SEINER SEELE

Joseph Brodsky wurde 1940 geboren, kurz vor der schrecklichen Belagerung Leningrads durch die Deutschen. Ein Kriegskind. Entsprechend groß war der Einfluss, den die Blockade, der fast eine Million Menschen zum Opfer fielen, auf sein späteres Leben ausübte. 17 Jahre seines Lebens verbrachte der Dichter im Eckhaus Uliza Pestelja und Litejny Prospekt zusammen mit seinen Eltern in eineinhalb Zimmern in einer Kommunalwohnung.

»Von diesem Balkon aus konnten wir die ganze Länge der Straße überblicken, deren typisch Petersburgische, einwandfreie Perspektive, die mit der Silhouette der Kuppel von der Panteleimonskirche

abschloss, oder – schaute man nach rechts – mit dem großen Platz, in dessen Mitte die Erlöser-Kathedrale des Regiments ihrer Kaiserlichen Majestät steht«, erinnert sich Joseph Brodsky an das Gebäude im maurischen Stil des Fürsten Murusi, dem *Murusi-Haus* **21** *(▸ H 3)*, in dem vor der Revolution die Dichter Sinaida Hippius und Dmitri Mereschkowski ihren literarischen Salon führten. Heute trägt es eine Gedenktafel mit der Inschrift: »In diesem Haus lebte von 1955 bis 1972 der Dichter Jossif Alexandrowitsch Brodskij«.

Die Karriere des Vaters als Marineoffizier ging nicht voran. Er musste 1949, in der Hochzeit des stalinistischen Antisemitismus, den Dienst quittieren. Zeitweise arbeitslos, verdiente er dann sein Geld als Pressefotograf. Die Mutter arbeitete als Buchhalterin. Den Eltern verdankte er, dass sie ihn immun machten gegen den sowjetischen Sozialismus.

Wegen der häuslichen Enge und weil ihn die architektonische Aura St. Petersburgs faszinierte, ging Brodsky viel spazieren. Dem jugendlichen Wanderer eröffneten sich die Zusammenhänge über alle Zeitgrenzen hinweg. Er war auf das Engste mit der Stadt, die noch den kommunistischen Namen Leningrad trug, verbunden. War sie schon in seiner Lyrik vielfältig präsent, so widmete er ihr in der amerikanischen Emigration einen Erinnerungsband. Liebevoll beschreibt er die Eltern, die gemeinsame Wohnung, die Straßen, Häuser und immer wieder das Wasser: die *Newa* *(▸ A 1, 4/5 – K 1)* und die Kanäle, die die Stadt durchziehen. Brodskys Erinnerungen erwecken den Eindruck, als sei seine Seele dort geblieben. *»Es war lediglich der Versuch, den Kummer zu kontrollieren. Bestimmte Dinge müssen einfach festgehalten werden, wenn du es nicht niederschreibst, scheint es nicht zu existieren. Man kann nicht alles seinem Gedächtnis anvertrauen, es verliert manches«*, sagte er in einem Interview. Wenn man so will, war die Stadt St. Petersburg sein poetischer Lehrmeister. Er reflektierte seine Heimat in einer fulminanten und

Die Petersburger Erlöserkirche konnte der junge Joseph Brodsky vom Balkon der elterlichen Wohnung aus sehen.

zugleich sehnsuchtsvollen Sprache: *»Es war einmal ein kleiner Junge. Er lebte im ungerechtesten Land der Welt. Das von Wesen regiert wurde, die nach aller menschlichen Einschätzung als entartet hätten angesehen werden müssen. Was nie geschah. Und da war eine Stadt auf dem Antlitz der Erde. Mit einem unermesslichen grauen Fluß, der über ihren fernen Ausläufern hing wie der unermesslich graue Himmel über diesem Fluß. An diesem Fluß standen prachtvolle Paläste mit so wunderschön gestalteten Fassaden, daß, wenn der kleine Junge am rechten Ufer stand, das linke Ufer aussah wie der Abdruck einer riesigen Molluske namens Zivilisation. Die ausgestorben war.«*

Joseph Brodsky begegnete bei seinen Streifzügen durch die Stadt der alten Welt: Griechenland, Rom und Ägypten. Kirchen und Monumente wurden für ihn Zeichen, die ihm die kulturelle Tradition erschlossen. Von den zerstörten Fassaden des Nachkriegs-Leningrad lernte er mehr über die Geschichte unserer Welt als später aus irgendeinem Buch: »*Einer, der in dieser Stadt geboren ist, wandert zu Fuß, nicht weniger als ein zünftiger Beduine. Und nicht deshalb, weil Autos rar und teuer sind, auch nicht wegen der kilometerlangen Schlangen vor den Lebensmittelgeschäften. Sondern weil das Gehen unter diesem Himmel, über die Kais aus braunem Granit, entlang des breiten grauen Flusses, eine Erweiterung des Lebensgefühls und eine Schule der Weltsicht ist.*«

Voller Zorn verfolgte der Freigeist Brodsky die Zerstörung von Kultur in der Sowjetzeit. Als eine Kirche weichen musste für die große Oktober-Konzerthalle, entsteht 1962 das Gedicht »Haltestelle in der Wüste«: »*In Leningrad sind jetzt so wenig Griechen, / dass eine griechisch-orthodoxe Kirche / man abriss, um an ihre Stelle einen / Konzertsaal hinzusetzen. Solch ein Bau / Hat heute etwas Hoffnungsloses. Dabei / Muss ein Konzertsaal mit viertausend Plätzen / So hoffnungslos nicht sein: er ist ein Tempel, / ein Heiligtum der Kunst. Wer kann dafür, / dass die vokale Meisterschaft mehr Menschen / um sich vereint als mürbe Glaubensbanner?*«

BRODSKY UND SEIN WISSEN UM DEN TOD

Dieser unangepasste Bürger Brodsky, der obendrein Jude war, fiel im eisigen Null-Toleranz-Klima der Sowjetunion rasch in Ungnade. Es folgten Ausbürgerung, Exil und schließlich 1987 der Nobelpreis, geehrt als virtuoser Erneuerer der poetischen Sprache. In den USA lehrte er an verschiedenen Universitäten, war Ehrendoktor von Yale. »*Ein Exilschriftsteller zu sein*«, so beschreibt er seinen eigenen Zustand, »*das ist, als wäre man in einer Kapsel in den Weltraum geschossen … Und diese Kapsel ist die eigene Sprache.*«

Petersburg und die Ostsee-Landschaft blieben seine poetischen Bezugspunkte und Quelle seiner dichterischen Kraft, ebenso wie die russische Sprache und Literatur, von denen alle seine Wirklichkeiten durchwirkt sind, auch wenn er später auf Englisch schrieb. Ursprung von Joseph Brodskys Dichtung ist seine Heimatstadt, die er liebevoll »Piter« nannte. *»An Sommerabenden waren unsere drei hohen Fenster geöffnet, und die Brise vom Fluß versuchte, sich in den Tüllgardinen wichtig zu machen. Der Fluß war nicht weit, nur zehn Minuten zu Fuß von unserem Haus. Nichts war zu weit: der Sommergarten, die Eremitage, das Marsfeld.«*

Die Erinnerung ist in seiner Poesie ein zentrales Motiv, genauer: die Zeit, die Zeit als Wandel, als Vergehen, dem wir unerbittlich unterworfen sind. Wie in dem Gedicht »Fin de siècle«: *»Bald endet das Jahrhundert, doch vorher ende ich. / Eine Vorahnung ist das, fürchte ich, nicht ...«* Diese Zeilen entstanden wenige Jahre vor seinem Tod im Januar 1996. Der herzkranke Dichter hatte kurz zuvor in einem Interview gesagt: *»Leben ist ein sukzessives Verabschieden und Aufbrechen. Du lässt Dinge hinter dir und du kannst nicht wirklich zu ihnen zurückkehren.«*

So wie er nie nach St. Petersburg zurückkehrte, wo er seine geistige Prägung erhielt und der er Essentielles verdankte. Sterben wollte er auf der *Wassiljewski-Insel* 32 (▸ *A/B 2–4)*, wie er in einem frühen Gedicht festhielt. Beerdigt ist er auf einer anderen Insel vor Venedig.

MURUSI-HAUS 21 ▸ *H 3*
Ul. Pestelja/Litejny Pr. 24, Zentrum
▸ Metro: Tschernyschewskaja

OKTOBER-KONZERTSAAL
Ligowski Pr. 6, Zentrum
www.bkz.ru
▸ Metro: Majakowskaja

WASSILJEWSKI-INSEL 32 ▸ *A/B 2–4*
▸ Metro: Wassileostrowskaja

WLADIMIR KECHMAN

geb. 1968

Petersburg ist eine Stadt der alten Hochkultur. Die Zukunft könnte ein Mann mitbestimmen, der mit Bananenhandel reich wurde. Ein Oligarch, der sich ein Theater kaufte und nun ganz hoch hinaus will …

Geld ist auch in Russland nicht alles. Was macht man, wenn man Millionen verdient und sich trotzdem langweilt? Man studiert Theaterwissenschaft! *»Viel zu lange habe ich mich mit Business beschäftigt. Irgendwann verspürte ich den inneren Drang, etwas anderes zu tun. Vor allem: radikal mein Leben zu ändern. Denn Business – das ist Krieg!«* Wladimir Abramowitsch Kechman, Generaldirektor des traditionsreichen Michailowski-Theaters und Vorstandsvorsitzender des Bananenimperiums Joint Fruit Company (JFC), lehnt sich zufrieden zurück.

Ein Oligarch mit Diplom in Theaterwissenschaft, im Sommer des Jahres 2009 mit Auszeichnung erworben. Das ist beispiellos selbst im russischen Großkapitalismus, dessen Exponenten mit ihren Aktionen und Auftritten ja für jede Überraschung gut sind. *»Jetzt bin ich professionell ausgebildet, das Theater zu leiten«*, sagt Kechman. *»Die vergangenen zwei Jahre waren für mich eine einzigartige Erfahrung, und ich danke Gott, dass mir dieser neue Beruf zugefallen ist.«*

Der Kulturoligarch: Wladimir Kechman ist Generaldirektor des Michailowski-Theaters und Chef des Obstkonzerns JFC.

Das neue Leben beginnt für Wladimir Abramowitsch im Sommer 2007. Auf der Bühne des altehrwürdigen Zarentheaters *Michailowski* 19 *(▸ F 4)* läuft der Film »Easy Rider«. Im Zuschauerraum sitzt der US-Schauspieler *Dennis Hopper* zwischen den jungen Schönen und Reichen von St. Petersburg, danach wird gefeiert. Ein Fest zu Ehren des Hollywoodstars, der eine Retrospektive seiner Arbeiten in der *Eremitage* 8 *(▸ D 3)* eröffnete. Zwei Monate vor-

Das Michailowski-Theater ist eine der großen Kultur-Institutionen von Petersburg. Hier sang unter anderem auch der große Schaljapin.

her hat Kechman, auch als der »Bananenkönig von St. Petersburg« bekannt, das Haus übernommen. Es war marode und pleite. Ein Jahr später, auf den Galaabenden zum 175. Geburtstag des Theaters, geben sich Größen wie der russische Balletttänzer Faruch Rusimatow und der argentinische Tenor José Cura die Ehre und reißen das Publikum zu Beifallsstürmen hin.

Der neue Direktor liebt die große Geste, und zu Beginn war die Theatertruppe euphorisch dabei, als Haus und Bühnentechnik schnell, effizient und ohne Knausern restauriert wurden (der Japaner Yasuhisa Toyota brachte die Akustik auf den neuesten Stand). Aber er liebt auch den Mix, vornehme Zurückhaltung bei künstlerischen Entscheidungen gehört nicht zu seinen hervorstechenden Eigenschaften. Als Kechman immer häufiger ins Programm und bei den Proben eingriff, gingen etliche Künstler auf Distanz. Doch womöglich waren es die bestürzten und bald hämischen Kritiken, die den Obsthändler bewogen, seinen Enthusiasmus mit einem Theaterstudium zu unterfüttern.

Das *Michailowski-Theater* liegt zentral am Ploschad Iskusstw, dem Platz der Künste. Hier, wenige Schritte vom Newski Prospekt *(▸ D 4–K 6)* entfernt, wurde es im Stil des Alexandrinischen Klassizismus von dem deutsch-russischen Architekten Alexander Brüllow errichtet, der auch andere großartige Bauten in St. Petersburg hinterließ. Im November 1833 eröffnet, war das *Michailowski* mit seinen 980 Zuschauerplätzen neben dem *Mariinski-Theater* [18] *(▸ A 7)* und dem *Alexandrinsky-Theater* [3] *(▸ G 6)*, 1756 gegründet und damit das älteste Theater Russlands, die dritte imperiale Bühne in der Hauptstadt St. Petersburg. Ein Ort für erstklassige Opern- und Ballettaufführungen. Es galt lange als Theater für französische Kultur. Ab 1893 wurden etliche Aufführungen des *Mariinski* hier gezeigt. So tanzte auf dieser Bühne auch Matilda Kschessinskaja, es sang Fjodor Schaljapin. In der frühen Sowjetzeit galt es unter dem Namen Maly-Theater, »kleines« Theater, als Experimentierbühne für moderne Musik. Der Regisseur Wsewolod Meyerhold arbeitete hier, und Schostakowitschs Opern »Die Nase« und »Lady Macbeth von Mzensk« kamen auf dieser Bühne zur Uraufführung.

MIT BANANEN DIE HOCHKULTUR FÜTTERN

Der neue Direktor versucht die Traditionen des Theaters zu beleben. »*Wir haben jetzt 40 Millionen Dollar in das Haus investiert. Das war zum Teil mein persönliches Geld, zum Teil aus dem Fonds des Theaters, aber es waren auch Spenden von Freunden, Sponsoren, die ich gewonnen habe.*« Wladimir Abramowitsch Kechman möchte nicht einfach nur zu den Gewinnern des Systemwechsels in Russland gehören, er repräsentiert auch eine neue Unternehmergeneration, die Kultur mitgestalten will: »*Ich habe mit meiner*

Firma schon seit Langem Kulturprojekte unterstützt und werde das auch weiter tun. Wir bewegen uns also in eine Richtung!«

Kechman, Vater von drei Kindern, ist kein St. Petersburger. Er wuchs im südrussischen Samara in einer jüdischen Familie auf, religiös erzogen wurde er jedoch nicht. Erst vor einigen Jahren entdeckte er für sich den Gottesglauben. In der russisch-orthodoxen Kirche fand er »Antworten« auf seine Fragen und ließ sich taufen.

Anfang der 1990er-Jahre, als in Russland Mangelwirtschaft herrschte, handelte der studierte Pädagoge mit Zucker, bevor er mit der Einfuhr von Bananen richtig Geld machte. *»Ich dachte lange darüber nach, was man importieren könnte. Es sollte etwas sein, das auf keinen Fall in Russland hergestellt werden kann. In Russland ist wegen der klimatischen Bedingungen die Versorgung mit Südfrüchten immer ein Problem gewesen. So kam ich auf Bananen. Inzwischen importieren wir sie nicht nur, sondern produzieren auch. Wir besitzen eigene Plantagen in Ecuador und Costa Rica. Ich denke, wir sind heute die größten Bananenproduzenten für ganz Osteuropa mit einer eigenen Distributionsfirma und einem Logistikunternehmen.«*

Mehr als 5000 Hektar Land, auf denen 5000 Menschen arbeiten, und 14 Frachtschiffe gehören dem Unternehmen nach eigenen Angaben. Die Bananen werden zu 70 Prozent auf dem russischen Markt verkauft, der Rest in ganz Osteuropa. Sein Business, sagt Kechman, werde von seiner Tätigkeit als Theaterdirektor nicht beeinträchtigt.

»Wer vergnüget herrschen will, muss Verstellung üben«, singt der Titelheld in dem Zaren-Krimi »Boris Goudenow« des Hamburger Barockopernkomponisten Johann Mattheson von der Bühne des *Michailowski-Theaters*. Verstellung aber ist nicht Sache des Theaterdirektors Kechman. Er verhehlt nicht, dass er Populärkultur und Hochkultur fusionieren will und sein Theater öffnen möchte für italienisches Belcanto und Jazzkonzerte, für Firmen-

Tänzer bei einer Aufführung von »Spartacus«, Ballett in drei Akten von Aram Chatschaturjan, im Michailowski-Theater.

jubiläen und Filmpremieren: Auch die Premiere einer Neuverfilmung von »Anna Karenina« wurde begeistert aufgenommen.

»Das Theater steht heute in Konkurrenz zum Fernsehen, zum Kino und zum Internet. Das sehe ich als Herausforderung, wir müssen um die Zuschauer kämpfen«, erklärt der Manager und Mäzen und kontert damit den Argumenten von Kritikern, die auf die schwankende Qualität seines Spielplans verweisen. Er hat sich ehrgeizige Ziele gesetzt: *»Alle meine Kräfte richte ich darauf, die russische Schule des Balletts, die einzigartig ist, weiter auszubauen. Ich investiere viel Energie, junge Balletttänzer und Pädagogen zu unterstützen.«* Auch ein Ballettfestival plant der Seiteneinsteiger, er ist fest davon überzeugt, dass sein *Michailowski* eines Tages zu den zehn besten Opern- und Balletttheatern der Welt gehören wird. Es sind anspruchsvolle Pläne, für deren Umsetzung er sich längst nicht mehr nur auf seinen Enthusiasmus verlässt. Der Diplom-

Theaterwissenschaftler lässt sich beraten von Experten wie Russlands Opernstar *Jelena Obraszowa* und dem Wiener »Bühne«-Chefredakteur *Peter Blaha*. Die neue Ära begann Ende Oktober 2009 mit Dvořáks »Rusalka«, es folgte Halévys »La Juive«, für die man den amerikanischen Tenor Neil Shicoff nach Petersburg holte, der Franzose Arnaud Bernard inszenierte. Zum Januar 2011 gelang es Kechman, den international beachteten spanischen Starchoreografen *Nacho Duato* zu engagieren, mit dem er das russische Ballett erneuern will.

ER HAT GROSSE STARS VERPFLICHTET

Neben der Tradition des klassischen Spitzentanzes möchte er eine neue Tanzsprache in Russland etablieren. Es gebe heute nur eine Hand voll Ballettmeister, die »mit ihrer frischen Tanzsprache und ihrem Denken in choreografischen Bildern« die Zukunft dieser Kunst mitbestimmen könnten. Während das Moskauer Bolschoi-Theater und das *Mariinski-Theater* heute als Bewahrer des klassischen Ballettberbes gelten, möchte Kechman in seinem Haus die Moderne etablieren. *»Wenn wir uns in die westliche Kultur einfügen wollen, sollten wir aber auch ein Teil der weltweiten Entwicklung im zeitgenössischen Tanz sein.«*

Seine erste abendfüllende Ballettpremiere stellte der Avantgardist Duato im Dezember 2011 vor: eine moderne Choreografie des russischen Ballettklassikers »Dornröschen« mit Musik von Peter Tschaikowsky. Das Publikum nahm die Premiere des kostümreichen Märchenballetts mit großer Begeisterung auf. Neben der Neubearbeitung des Balletts verwendete Duato viele Zitate der Uraltchoreografie von Marius Petipa.

Einen Coup landete Kechman 2012: Die beiden Solisten des weltberühmten Moskauer Bolschoi-Theaters *Natalia Ossipowa* und *Iwan Wassiljew* verließen Russlands größtes Staatstheater. Sie sahen keine Zukunft mehr auf der historischen Bühne. *»Noch nie haben Solisten eines solches Ranges dem Bolschoi den Rücken gekehrt. Eine unglaubliche Nachricht«*, kommentierte die Zeitung »Kommersant«. Beide Solisten tanzen nun am *Michailowski-Theater* in St. Petersburg. Dort erhoffen sie sich unter Nacho Duato mehr künstlerische Freiheit.

Vom Erfolg der nächsten Jahre wird viel abhängen. Noch gibt es Beobachter der Szene, die die Euphorie von Kechman nicht teilen und in ihm eher den Geschäfts- als den Theatermann sehen. Die exquisite Lage des *Michailowski-Theaters* in unmittelbarer Nachbarschaft des *Russischen Museums* 26 *(▸ F 4)*, der Philharmonie und des *Grand Hotel Europe* 10 *(▸ F 5)*, integriert in ein großzügiges Platzensemble, lässt böse Stimmen behaupten, Kechman wolle sich den gesamten Gebäudekomplex aneignen – eine Immobilienperle sondergleichen. Sein Vermögen wird laut »Iswestija« auf fünf Milliarden Rubel, etwa 110 Millionen Euro, geschätzt.

Doch vielleicht ist Geld ja wirklich nicht alles für den Obst-Oligarchen mit eigener Bühne. Er sagt: *»Das Theater hat seine Energie und seinen Enthusiasmus wiedergewonnen. Das forderte meinen ganzen Einsatz. Aber es hat sich gelohnt. Ich habe der Stadt ein Theater zurückgegeben.«*

Kleine Rollen sind einfach nicht Sache des Wladimir Abramowitsch Kechman.

ALEXANDRINSKY-THEATER 3 ▸ *G 6*
Pl. Ostrowski 2, Zentrum
http://en.alexandrinsky.ru
▸ Metro: Gostiny Dwor

MICHAILOWSKI-THEATER 19 ▸ *F 4*
Pl. Iskusstw 1, Zentrum
www.mikhailovsky.ru
▸ Metro: Newski Pr.

PERSONENREGISTER

Eine *kursive* Zahl verweist auf eine Abbildung.

Achmatowa, Anna 3, 49, 130, *131*, 152, 154
Alexander III., Zar von Russland 58, 62, 69, 70, 75, 82, 85, 101, 114, 118
Alexander II., Zar von Russland 6, 55, 83, 112, 138
Alexander I., Zar von Russland 38, 47
Alexandrowna, Marija (Marie von Hessen-Darmstadt) 112
Alexei I. Michailowitsch 15
Anna Petrowna 34
Anna, Zarin von Russland 20
Anthès, Georges Charles d' 49
Bakst, Leon 109, *107*
Belinski, Wissarion 53
Bely, Andrei 18
Benois, Alexander 64, 126, 127
Bernard, Arnaud 168
Berg, Alban 149
Biron, Ernst Johann von 20, 25
Blaha, Peter 168
Bogdanow-Beresowski, Valerian 152
Boguslawskaja, Xenia 126
Brodski, Isaak 104
Brodsky, Joseph 3, 15, 58, 130, 137, 154, *155*

Brüllow, Alexander 165
Buckle, Richard 119
Burljuk, David 72

Colliander, Tito 72
Chruschtschow, Nikita 155
Custine, Astolphe Louis Léonor Marquis de 23
Cura, José 164

Dawidow, Wladimir (Bobik) 59, 64
Diaghilew, Sergej 64, 65, 106, *107*, *109*, 118, 119, 120, 126
Diderot, Denis 37, 40
Dobushinski, Mstislav 110
Dostojewski, Fjodor 3, 50, *51*, 55, 90, 149
Duato, Nacho 168, 169
Dvořák, Antonín 168

Elisabeth I., Zarin von Russland 16, 18, 20, 22, 24, 30, 34
Eisenstein, Sergej 103

Fabergé, Agathon 78
Fabergé, Peter Carl 74, *75*
Fabergé, Gustav 76, 77
Falconet, Étienne 10, 37, 38
Figes, Orlando 12, 14, 63
Filonow, Pawel 128
Filosofow, Dmitri 64

Fjodorowna, Alexandra (Alix von Hessen-Darmstadt) 82, 84, 87, 88, 93, 96, 117
Fjodorowna, Marija (Dagmar von Dänemark) 82
Fokin, Michail 120
Friedrich II., König von Preußen 34, 36
Friedrich Wilhelm I., König von Preußen 16

Glasunow, Alexander 71, 146, 147
Glebowa-Sudeikina, Olga 133
Gogen, Alexander von 120
Gogol, Nikolai 150
Gontscharowa, Katharina 49
Gontscharowa, Natalja 48, 49
Gorki, Maxim 68
Gotzkowsky, Johann Ernst 38
Granin, Daniil 15
Grigorjewna, Anna 56, 57
Grimm, Friedrich Melchior von 37
Gumiljow, Lew 133, 136, 137
Gumiljow, Nikolai 131, 132, 133, 134, 135, 136
Günther, Johann Christian 29

PERSONENREGISTER

Halévy, Jacques Fromental 168
Henkel, Johann Friedrich 30
Hindemith, Paul 149
Hippius, Sinaida 158
Hopper, Dennis 163

Iwanow, Wjatscheslaw 132

Jakobs, Augusta 77
Jelzin, Boris 89
Jungstedt, Charlotte 76
Jussupow, Felix 93, 94, 95, 96, 97

Karsawina, Tamara 112, 113
Katharina II., die Große, Zarin von Russland 10, 21, 24, 34, *35*, 66, 111
Katharina I., Zarin von Russland 20
Katkow, Michail 56
Kechman, Wladimir 162, *163*
Kljun, Iwan 126
Korff, Modest 46
Krupskaja, Nadjeschda 100, 102, 104
Krutschonych, Alexei 123
Kschessinskaja, Matilda 84, 110, 114, *115*, *116*, 165

Leibniz, Gottfried Wilhelm 26
Lenin, Wladimir (Wladimir Iljitsch Uljanow) 3, 81, 88, 98, *99*, *103*, 121

Leporskaja, Anna 127
Leskow, Nikolai 151
Lissitzky, El 126, 128
Lomonossow, Michail 26, *27*, *31*
Ludwig XIV. 20
Lunatscharski, Anatoli 147

Majakowski, Wladimir 18, 71, 72, 122, 149
Mahler, Gustav 149
Malewitsch, Kasimir 3, 122, *123*, *124*, *127*, 149
Malko, Nikolai 148, 150
Mandelstam, Nadjeschda 136
Mandelstam, Ossip 136, 143
Mann, Klaus 64
Mann, Thomas 50
Matjuschin, Michail 72, 124, 126, 128
Mattheson, Johann 166
Meck, Nadeschda von 62
Mereschkowski, Dmtri 158
Meyerhold, Wsewolod 149, 165
Milhaud, Darius 149
Modigliani, Amedeo 130
Mussorgski, Modest 71

Nabokov, Jelena 144
Nabokov-Museum *140*, 141, 145
Nabokov, Sergei 142, 144
Nabokov, Vladimir 3, 138, *139*

Nabokow, Wladimir Dmitrijewitsch 90, 139, 144
Nijinsky, Waslaw 112, 113, 119
Nikolaus II., Zar von Russland 3, 76, 82, *83*, *87*, 90, 93, 95, 110, 114, 115, 117, 118, 119
Nikolaus I., Zar von Russland 48
Nordman, Natalja 71

Obraszowa, Jelena 168
Orlow, Grigorij 36, 37
Ossipowa, Natalia 168

Panajewa, Awdotja 54
Paul I., Zar von Russland 35, 39, 52
Pawlowa, Anna 112, 120
Peter I., der Große, Zar von Russland 6, 10, *11*, *12*, 20, 26, 28, 34, 37, 77
Peter III., Zar von Russland 24, 32, 34
Petipa, Marius 62, 116, 168
Petraschewski, Michail 54
Potjomkin, Grigori 40, 111
Puni, Iwan 126
Punin, Nikolai 136
Purischkewitsch, Wladimir 94
Puschkin, Alexander 3, 10, 23, 28, 42, *43*, *44*, *47*, 57, 63, 65, 131, 136

171

Quarenghi, Giacomo 24, 37, 38

Rachmaninow, Sergej 108
Radziwill, Anton Fürst von 118
Raffael (Raffaello Sanzio) 37, 38, 68
Rasputin, Grigori 3, 86, 88, 90, *91*, *92*, 95
Rastrelli, Bartolomeo Francesco 18, *19*, *21*, *22*
Rastrelli, Bartolomeo Carlo 20
Reed, John 104
Repin, Ilja 66, *67*, *69*, *70*
Rimski-Korsakow, Nikolai 108
Rodionowa, Ariana 43
Romanow, Alexej 13
Romanow, Andrei Wladimirowitsch 118, 120, 121
Romanow, Konstantin Nikolajewitsch 117
Romanow, Sergei Michailowitsch 118
Romanow, Wladimir Alexandrowitsch 68, 118
Rossi, Carlo 45
Rostropowitsch, Mstislaw 146
Rubens, Peter Paul 37, 38
Ruka (Rukavishnikov, Vasily) 139
Rusimatow, Faruch 164

Saltikow, Sergej 36
Schaljapin, Fjodor 71, 72, 103, 108, 112, 120, *164*, 165
Schileiko, Wladimir 134
Schönberg, Arnold 149
Schostakowitsch, Dmitri 3, 146, *147*, *148*, *151*, 165
Schukowski, Wassili 47
Schulgin, Walentina 143, 144
Schuwalow, Iwan Graf 24, 31, 32
Shicoff, Neil 168
Skrjabin, Alexander 108
Slonim, Vera 144
Stählin, Jacob von 28
Stalin, Josef 29, 104, 105, 129, 136, 137, 151, 152, 154, 158
Stanislav II. August Poniatowski 36
Stassow, Dmitri 69
Stassow, Wladimir 67, 68, 69
Strawinsky, Igor 108, *109*, 149
Subow, Platon 41
Sudeikin, Sergej 133
Suetin, Nikolai 129

Tatlin, Vladimir 149
Tolstoi, Leo 71, 85, 126

Tintoretto, Jacopo 37
Tizian (Tiziano Vecellio) 37, 38
Toyota, Yasuhisa 164
Trezzini, Domenico 14
Troyat, Henri 13
Tschaikowsky, Modest 59, 60, 61, 63, 65
Tschaikowsky, Peter 3, 58, *59*, *60*, *63*, 112, 144, 168
Tschaschnik, Ilja 128
Tschechow, Anton 50, 71
Turgenjew, Alexander 47
Turgenjew, Iwan 47, 54

Uljanow, Alexander 101
Uljanow, Ilja 101

Van Dyck, Anthonis 37, 38
Veronese, Paolo 37
Victoria, Königin von England 84
Voltaire 40

Walter, Bruno 148
Wassiljew, Iwan 168
Watteau, Antoine 37
Weber, Friedrich Christian 14
Wolff, Christian Freiherr von 29, 30

Youmans, Vincent 150

Zilch, Elisabeth-Christina 30

ORTS- UND SACHREGISTER

Eine *kursive* Zahl verweist auf eine Abbildung, eine **fett** gedruckte Zahl verweist auf eine Adresse am Ende der Kapitel.

Akademie der Künste 25, 66, 68, **73**
Akademie der Wissenschaften 26, 29, 30, 31, 32, **33**
Alexander-Newski-Kloster **33**, **57**, **65**
Alexanderpalast 38, 39, 82, **89**
Alexanderplatz (Schlossplatz) 39, 142
Alexandersäule 39
Alexandrinsky-Theater 165, **169**
Alte Eremitage 38
Anitschkow-Brücke *143*
Anna-Achmatowa-Denkmal *135*, **137**
Anna-Achmatowa-Museum 134, **137**
Art Café Zum streunenden Hund 132, 133, 134, **137**

Ballets Russes 106, *109*, 111, 112, 113, 119
Bernsteinzimmer *15*, 16, **17**
Bolschewiki 88, 98, 102, 103, 104, 121, 134, 135
Brodski-Museum 104, **105**

»Die Wolgatreidler« 68, *69*
»Der eherne Reiter« 10, 45
»Der Jüngling« 53
»Der Spieler« 56
»Der weiße Schwarm« 133
»Dornröschen« 62, 63, *63*, 64, 168
Dostojewski-Haus 56, **57**

Eremitage 16, 19, 25, 37, 39, **41**, 78, 79, **81**, 83, *84*, **89**, *124*, 163
»Erinnerungen an Petersburg« 156, 157, 158, 159
Erlöserkirche 158, *159*
Erster Weltkrieg 73, 81, 94, 98, 113, 120, 126, 133, 138
»Eugen Onegin« 45, 62, 64

Fabergé-Ei 74, 75, 76, *77*, 77, 79, 81
Fabergé-Haus *78*, 80, **81**, 142
Februarrevolution 102, 120, 130
Fontänenhaus (Scheremetjew-Palast) 130, *132*, 134, 136, **137**

Grand Hotel Europe 42, 61, **65**, *92*, 93, *97*, 112, **113**, 150, 169

Haseninsel 12
Haus Peters des Großen 13, 14, **17**
Heumarkt (Sennaja Ploschad) 50, 51, *52*, **57**, 149

Isaakskathedrale 10, 128

Jordantreppe (Winterpalast) *22*
Jussupow-Palast 95, *95*, **97**

Kasaner Kathedrale 37, **41**, 53, 58
Katharinen-Denkmal 39, **41**
Katharinenpalast (Katharinenschloss) *15*, 16, **17**, 18, 19, 20, 21, **25**, *36*, 38, **41**
Katharinen-Park 39, 41
Kleine Eremitage 38
Kleine Newa 96
Kresty-Gefängnis *135*, 136, 137
Kunstkammer 33

Lazarus-Friedhof 33
Lenin-Denkmal 98, *103*, **105**
Leningrad 136, 137, 141, 142, 146, 150, 152, 153, 155, 157, 158
Leningrader Blockade 137, 146, 152, 157
»Leningrader Sinfonie« (7. Sinfonie) 146, 152, 153
Lenin-Wohnung 104, **105**
Literaturcafé (Literaturnoje Kafe) 59, *60*, 45, **65**

Lomonossow-Büste 33
Lomonossow-Museum (Kunstkammer) *28*, 31, **33**
Lomonossow-Platz (Ploschad Lomonossowa) 33

»Mädchen auf dem Feld« *127*
Malewitsch-Haus 128, **129**
Mariinski-Theater 58, 62, *63*, **65**, 103, 112, **113**, 116, 118, 119, 165, 168
Marsfeld (Marsowo pole) 126, 161
Michailowski-Theater 162, 163, *164*, 165, 166, 167, *167*, **169**
Michaelsschloss 14, 52
Murusi-Haus 158, **161**
Museum für politische Geschichte *119*, **121**
Museum der Petersburger Avantgarde 126, 129

Newa 3, 10, 12, 13, 14, 21, 22, 23, 24, 38, 45, 53, 66, 68, 83, 96, 102, 106, 120, *156*, 158
Newski Prospekt 25, 39, 45, 54, 60, 90, 101, 142, *143*, 146, 150, 165
»Nussknacker« 64
Nyenschanz-Festung 12

Oktoberrevolution 18, 81, *100*, 101, 103, 120, 121, 127, 130, 134, 138, 140, 144, 158
Oktober-Konzertsaal 160, **161**
Oranienbaum 29, 32

»Pathétique« (6. Sinfonie) 58, 65
Penaten 70, *70*, 71, **73**
Peterhof 21, 87
Peter-und-Paul-Festung 12, **17**, **41**, 54, **57**, **89**, *156*
Peter-und-Paul-Kathedrale **41**, *87*, **89**
Petrograd 88, 98, 102, 128, 135, 146, 148, 149
»Pique Dame« 63, 64, 144
»Poem ohne Helden« 137
Puschkin (Zarskoje Selo) 16, 19, 20, 21, 38, 43, **49**, 82, 86, 89, 130, 131
Puschkin-Museum *44*, *47*, **49**

Rasputin-Wohnung 94, **97**
Repin-Wohnung 73
Repino (Kuokkala) 70, *70*, 71, 72, 73
»Requiem« 136
Rimski-Korsakow-Museum 108, **113**
Roschdestweno 139, 140, 145
Russisches Museum 42, 69, 70, **73**, 109, 125, *127*, **129**, 169

Schostakowitsch-Museum 146, **153**
»Schuld und Sühne« 50, 52, 56
»Schwanensee« 64, 112
»Schwarzes Quadrat« 3, 124, *124*, 125, 126, 127
»Sieg über die Sonne« 122
Smolny-Institut *100*, 103, 104, **105**, 134
Smolny-Kloster 18, 19, 21, *21*, 24, **25**
Sommergarten 14, **17**, 161
Sommerpalast 14, 16, **17**
St. Petersburger Konservatorium 61, 108, 146, 148, 150, *151*, 152, **153**

Taurisches Palais *110*, 111, 132
Tenischew-Schule 143, **145**
Tichwiner Friedhof 55, **57**, 65

Villa Kschessinskaja 117, *119*, 120, **121**

Waganowa-Ballettakademie 84, **121**
Wassiljewski-Insel 54, *156*, **161**
Weiße Nächte 3, 23, 53
Winterpalast 16, 18, 19, 21, 22, *22*, 23, 24, **25**, 38, 66, 83, *84*, 86, 87, 102
Witebsker Bahnhof 55
Wladimir-Kirche 56

Zweiter Weltkrieg 33, 138, 152, 153

IMPRESSUM

*Liebe Leserinnen und Leser,
vielen Dank, dass Sie sich für einen Titel aus unserer Reihe MERIAN porträts entschieden haben. Wir freuen uns, Ihre Meinung zu diesem Buch zu erfahren. Bitte schreiben Sie uns an merian-portraets@travel-house-media.de.*

© 2013 TRAVEL HOUSE MEDIA GmbH, München
MERIAN ist eine eingetragene Marke der GANSKE VERLAGSGRUPPE.

ISBN 978-3-8342-1448-5
1. Auflage

Alle Rechte vorbehalten. Nachdruck, auch auszugsweise, sowie die Verbreitung durch Film, Funk, Fernsehen und Internet, durch fotomechanische Wiedergabe, Tonträger und Datenverarbeitungssysteme jeglicher Art nur mit schriftlicher Genehmigung des Verlages.

TRAVEL HOUSE MEDIA
Postfach 86 03 66
81630 München
www.merian.de

PROGRAMMLEITUNG
Dr. Stefan Rieß
PROJEKTLEITUNG
Susanne Kronester
REDAKTION
Anne-Katrin Scheiter
BILDREDAKTION
Lisa Grau
SCHLUSSREDAKTION
Ulla Thomsen
HERSTELLUNG
Gloria Schlayer, Bettina Häfele
SATZ/TECHNISCHE PRODUKTION
Ewald Tange, tangemedia, München
REIHENGESTALTUNG
independent Medien-Design, Horst Moser, München
DRUCKVORSTUFE
Repro Ludwig, Zell am See
DRUCK UND BINDUNG
Druckerei Kösel, Krugzell

Ein Unternehmen der
GANSKE VERLAGSGRUPPE

PEFC/04-31-1765

BILDNACHWEIS
S. 6-7 (v.l.n.r.): dpa Picture-Alliance: allOver/TPH, Bildagentur-online: Begsteiger, Fotolia: yamix
S. 8-9 Orientierungskarte Gecko Publishing GmbH
akg-images: J. da Cunha 95, E. Lessing 107, RIA/Nowosti 119 • Avenue Images: Effigie/Bilderberg/La Phototheque 131 • H. Alinari Archives/G. Fehr 139, Brown 148, Historica 83, Ifpad 51, Imagno 11, Lebrecht Music Collection 59, Photoaisa 35, SuperStock/Fine Art Images 19 • Laif: U. Andersen/Gamma 155, Archivio Gbb Contrasto 67, D. S. Garcia/Aurora 84, A. Hub 36, Le Figaro Magazine 43, M. Sasse 15, 44, 47, 52, 55, 60, 92, 110, 127, 132, 143, D. Schwelle 22 • Richter: Cinetext 91 • The Mikhailovsky Theatre 164 • Ullstein Bild: Nowosti 100, RIA/Nowosti 27, R. Viollet 116, White Night Press/Y. Kosourov 70 • Visum: P. Duddek 103, PhotoXPress 167